OD PŁATKA DO TALERZA: SAŁATKI MOC KWIATÓW

Rozkwitnij zdrowie dzięki kolekcji 100 odżywczych i pysznych sałatek

Izabela Krajewska

SPIS TREŚCI

WSTĘP

Witamy w „Od płatka do talerza: sałatki Moc kwiatów", gdzie zapraszamy Cię w podróż ku zdrowiu dzięki kolekcji 100 odżywczych i pysznych sałatek, które celebrują piękno i smak jadalnych kwiatów. Kwiaty o żywych kolorach i delikatnych smakach od dawna są cenione zarówno jako kulinarne rozkosze, jak i symbole witalności. W tej książce kucharskiej wykorzystujemy moc kwiatów, aby stworzyć żywe, pożywne sałatki, które odżywiają ciało i zachwycają zmysły.

W tej książce kucharskiej odkryjesz różnorodne przepisy na sałatki, które ukazują piękno i wszechstronność jadalnych kwiatów. Od orzeźwiających letnich sałatek pełnych sezonowych kwiatów po obfite miseczki zbożowe ozdobione delikatnymi płatkami, każdy przepis został opracowany, aby uczcić naturalną obfitość ogrodu i podnieść skromną sałatkę na nowy poziom smaku i elegancji.

Tym, co wyróżnia „Od płatka do talerza: sałatki Moc kwiatów", jest nacisk na zdrowie i dobre samopoczucie. Każdy przepis jest starannie dobrany, aby zapewnić równowagę składników odżywczych i smaków, uwzględniając różnorodne świeże warzywa, owoce, zboża, białka i oczywiście jadalne kwiaty. Niezależnie od tego, czy chcesz zwiększyć spożycie witamin i minerałów, dodać więcej koloru i różnorodności do swojej diety, czy po prostu cieszyć się pysznym i satysfakcjonującym posiłkiem, te sałatki oferują odżywczą i aromatyczną opcję na każdą okazję.

W tej książce kucharskiej znajdziesz praktyczne wskazówki dotyczące wyboru, przechowywania i przygotowywania jadalnych kwiatów, a także wspaniałe zdjęcia, które będą inspiracją do Twoich kulinarnych kreacji. Niezależnie od tego, czy przygotowujesz prostą sałatkę boczną na kolację w tygodniu, czy organizujesz uroczyste spotkanie z przyjaciółmi, „Od płatka do talerza: sałatki kwiatowe" oferuje mnóstwo pysznych i pożywnych przepisów, które zaspokoją każdy gust i preferencję.

SAŁATKI LAWENDOWE

1.Sałatka z lawendą, brzoskwiniami i burratą

SKŁADNIKI:
- 2 dojrzałe brzoskwinie, pokrojone w plasterki
- 8 uncji sera burrata
- 4 szklanki młodej rukoli
- 1/4 szklanki posiekanych pistacji, uprażonych
- 2 łyżki białego octu balsamicznego
- 1 łyżka miodu
- 1 łyżeczka suszonej lawendy kulinarnej
- 3 łyżki oliwy z oliwek z pierwszego tłoczenia
- Sól i pieprz do smaku

INSTRUKCJE:
a) W małej misce wymieszaj biały ocet balsamiczny, miód, suszoną lawendę, oliwę z oliwek, sól i pieprz, aby przygotować dressing.
b) Ułóż małą rukolę na półmisku. Na wierzchu ułóż pokrojone brzoskwinie i podarte kawałki sera burrata.
c) Sosem polej sałatkę. Posyp prażonymi pistacjami. Natychmiast podawaj.

2.Motyle Z Warzywami i Lawendą

SKŁADNIKI:

- ½ funta makaronu, takiego jak Motyle, orecchiette lub gemelli
- 2 lub 3 ząbki czosnku, pokrojone w cienkie plasterki lub zmiażdżone
- 2 cukinie lub dynie, przycięte
- 2 marchewki, obrane i przycięte
- 1 papryka, rdzeniowa
- 3 łyżki oliwy z oliwek z pierwszego tłoczenia
- 1 łyżeczka świeżych lub suszonych kwiatów lawendy plus dodatkowa ilość do dekoracji
- Sól i świeżo zmielony czarny pieprz

INSTRUKCJE:

a) W garnku zagotuj wodę i posol ją. Dodać makaron i gotować aż będzie al dente.

b) W międzyczasie pokrój warzywa w cienkie plasterki za pomocą robota kuchennego, mandoliny lub noża.

c) Na nieogrzewaną patelnię wlać oliwę i dodać czosnek.

d) Smaż czosnek, aż zacznie się złocić, od czasu do czasu mieszając.

e) Gdy czosnek zmieni kolor na złoty, dodaj warzywa. Posyp solą i pieprzem, dodaj lawendę, rozgniatając kwiaty w opuszkach palców, aby uwolnić ich zapach.

f) Gotuj, mieszając od czasu do czasu, aż warzywa ledwo zmiękną, około 5 minut.

g) Miejmy nadzieję, że makaron będzie prawie gotowy, podobnie jak warzywa.

h) Odcedź makaron, zachowując trochę wody z gotowania.

i) Do warzyw dodać makaron i dalej gotować, w razie potrzeby dodając wodę, aby masa była wilgotna.

j) Gdy makaron i warzywa będą miękkie, ale nie rozgotowane, dopraw solą i pieprzem.

k) Udekoruj kilkoma kwiatami lawendy.

3.Sałatka z kurczakiem w miodzie lawendowym

SKŁADNIKI:

- 2 piersi z kurczaka bez kości i skóry
- 6 szklanek mieszanych warzyw
- 1 szklanka pomidorków koktajlowych, przekrojonych na połówki
- 1/2 szklanki pokrojonego w plasterki ogórka
- 1/4 szklanki pokruszonego sera feta
- 1/4 szklanki prażonych migdałów
- 2 łyżki oliwy z oliwek
- 1 łyżka octu jabłkowego
- 1 łyżka miodu
- 1 łyżeczka suszonej lawendy kulinarnej
- Sól i pieprz do smaku

INSTRUKCJE:

a) Rozgrzej piekarnik do 190°C (375°F). Piersi z kurczaka doprawiamy solą, pieprzem i suszoną lawendą. Piec przez 20-25 minut lub do momentu ugotowania. Pozostawić do ostygnięcia, a następnie pokroić w cienkie plasterki.

b) W małej misce wymieszaj oliwę z oliwek, ocet jabłkowy, miód i szczyptę suszonej lawendy, aby przygotować dressing.

c) W dużej misce połącz mieszankę warzyw, pomidorki koktajlowe, pokrojony ogórek, pokruszony ser feta i prażone migdały.

d) Dodaj pokrojonego kurczaka na wierzch sałatki. Skropić dressingiem z lawendy i miodu. Delikatnie wymieszaj, aby pokryć się warstwą i podawaj.

4.Sałatka Quinoa z Lawendą i Cytryną

SKŁADNIKI:
- 1 szklanka komosy ryżowej, ugotowanej i ostudzonej
- 1/2 szklanki gotowanej ciecierzycy
- 1/2 szklanki pokrojonego w kostkę ogórka
- 1/4 szklanki posiekanej świeżej pietruszki
- 1/4 szklanki pokruszonego sera feta
- Skórka z 1 cytryny
- Sok z 1 cytryny
- 2 łyżki oliwy z oliwek
- 1 łyżeczka suszonej lawendy kulinarnej
- Sól i pieprz do smaku

INSTRUKCJE:

a) W dużej misce wymieszaj ugotowaną komosę ryżową, ciecierzycę, pokrojony w kostkę ogórek, posiekaną natkę pietruszki, pokruszony ser feta i skórkę z cytryny.

b) W małej misce wymieszaj sok z cytryny, oliwę z oliwek, suszoną lawendę, sól i pieprz, aby przygotować dressing.

c) Sosem polej sałatkę z komosy ryżowej i delikatnie wymieszaj. Podawać schłodzone lub w temperaturze pokojowej.

5.Sałatka Lawendowo-Brzoskwiniowa Z Kozim Serem

SKŁADNIKI:
- 2 dojrzałe brzoskwinie, pokrojone w plasterki
- 4 szklanki rukoli
- 1/4 szklanki pokruszonego sera koziego
- 1/4 szklanki prażonych orzechów pekan
- 2 łyżki octu balsamicznego
- 1 łyżka miodu
- 1 łyżeczka suszonej lawendy kulinarnej
- 2 łyżki oliwy z oliwek z pierwszego tłoczenia
- Sól i pieprz do smaku

INSTRUKCJE:
a) W małej misce wymieszaj ocet balsamiczny, miód, suszoną lawendę, oliwę z oliwek, sól i pieprz, aby przygotować dressing.
b) W dużej misce połącz pokrojone brzoskwinie, rukolę, pokruszony ser kozi i prażone orzechy pekan.
c) Sałatkę polej sosem i delikatnie wymieszaj, aby nią się pokrył. Natychmiast podawaj.

6.Sałatka ze szpinaku i lawendy jagodowej

SKŁADNIKI:

- 4 szklanki szpinaku baby
- 1 szklanka świeżych jagód
- 1/4 szklanki pokruszonego sera feta
- 1/4 szklanki pokrojonych migdałów, uprażonych
- 2 łyżki białego octu winnego
- 1 łyżka miodu
- 1 łyżeczka suszonej lawendy kulinarnej
- 3 łyżki oliwy z oliwek z pierwszego tłoczenia
- Sól i pieprz do smaku

INSTRUKCJE:

a) W małej misce wymieszaj biały ocet winny, miód, suszoną lawendę, oliwę z oliwek, sól i pieprz, aby przygotować dressing.
b) W dużej misce połącz młody szpinak, świeże jagody, pokruszony ser feta i prażone migdały.
c) Sałatkę polej sosem i delikatnie wymieszaj, aby nią się pokrył. Natychmiast podawaj.

7.Sałatka Lawendowo-Jagodowa Z Sosem Makowym

SKŁADNIKI:

- 6 szklanek mieszanych warzyw
- 1 szklanka świeżych truskawek, pokrojonych w plasterki
- 1/2 szklanki świeżych jagód
- 1/2 szklanki świeżych malin
- 1/4 szklanki pokruszonego sera koziego
- 1/4 szklanki pokrojonych migdałów, uprażonych
- 2 łyżki soku z cytryny
- 1 łyżeczka skórki z cytryny
- 1 łyżka miodu
- 1 łyżeczka suszonej lawendy kulinarnej
- 1 łyżka maku
- 3 łyżki oliwy z oliwek z pierwszego tłoczenia
- Sól i pieprz do smaku

INSTRUKCJE:

a) W małej misce wymieszaj sok z cytryny, skórkę z cytryny, miód, suszoną lawendę, mak, oliwę z oliwek, sól i pieprz, aby przygotować dressing.

b) W dużej misce wymieszaj mieszankę warzyw, pokrojone truskawki, jagody, maliny, pokruszony kozi ser i prażone migdały.

c) Sałatkę polej sosem i delikatnie wymieszaj, aby nią się pokryła. Natychmiast podawaj.

8.Sałatka Jarzynowa z Grilla Lawendowego

SKŁADNIKI:

- 2 cukinie pokrojone wzdłuż
- 1 czerwona papryka, pokrojona w ćwiartki
- 1 żółta papryka, pokrojona w ćwiartki
- 1 czerwona cebula, pokrojona w krążki
- 1 łyżka oliwy z oliwek
- 1 łyżeczka suszonej lawendy kulinarnej
- Sól i pieprz do smaku
- 4 szklanki mieszanych warzyw
- 1/4 szklanki pokruszonego sera feta
- 2 łyżki octu balsamicznego
- 1 łyżka miodu
- 3 łyżki oliwy z oliwek z pierwszego tłoczenia

INSTRUKCJE:

a) Rozgrzej grill do średnio-wysokiej temperatury. Cukinię, paprykę i czerwoną cebulę posmaruj oliwą z oliwek. Posypać suszoną lawendą, solą i pieprzem.

b) Grilluj warzywa, aż będą miękkie i lekko zwęglone, około 4-5 minut na stronę w przypadku cukinii i papryki oraz 2-3 minuty na stronę w przypadku cebuli.

c) Zdejmij grillowane warzywa z grilla i pozwól im lekko ostygnąć. Pokrój na kawałki wielkości kęsa.

d) W małej misce wymieszaj ocet balsamiczny, miód i oliwę z oliwek z pierwszego tłoczenia, aby przygotować sos.

e) W dużej misce wymieszaj mieszankę warzyw, grillowane warzywa i pokruszony ser feta. Skropić dressingiem i delikatnie wymieszać, aby go pokrył. Podawać na ciepło lub w temperaturze pokojowej.

9.Sałatka Cytrusowa Lawendowa Z Krewetkami

SKŁADNIKI:

- 1 funt krewetek, obranych i oczyszczonych
- 1 łyżka oliwy z oliwek
- 1 łyżeczka suszonej lawendy kulinarnej
- Sól i pieprz do smaku
- 6 szklanek mieszanych warzyw
- 1 pomarańcza podzielona na segmenty
- 1 grejpfrut podzielony na segmenty
- 1/4 szklanki pokrojonej w plasterki czerwonej cebuli
- 1/4 szklanki pokruszonego sera feta
- 2 łyżki soku pomarańczowego
- 1 łyżka soku z cytryny
- 1 łyżka miodu
- 3 łyżki oliwy z oliwek z pierwszego tłoczenia

INSTRUKCJE:

a) Rozgrzej oliwę z oliwek na patelni na średnim ogniu. Dopraw krewetki suszoną lawendą, solą i pieprzem. Gotuj krewetki, aż będą różowe i nieprzezroczyste, około 2-3 minuty na stronę. Zdejmij z ognia i odłóż na bok.

b) W małej misce wymieszaj sok pomarańczowy, sok z cytryny, miód i oliwę z oliwek z pierwszego tłoczenia, aby przygotować dressing.

c) W dużej misce wymieszaj mieszankę warzyw, segmenty pomarańczy, segmenty grejpfruta, pokrojoną w plasterki czerwoną cebulę i pokruszony ser feta.

d) Do sałatki dodaj ugotowane krewetki. Skropić dressingiem i delikatnie wymieszać, aby go pokrył. Natychmiast podawaj.

10.Sałatka z lawendy, gruszki i orzechów włoskich

SKŁADNIKI:

- 4 szklanki mieszanych warzyw
- 2 dojrzałe gruszki, pokrojone w cienkie plasterki
- 1/2 szklanki orzechów włoskich, uprażonych i posiekanych
- 1/4 szklanki pokruszonego sera pleśniowego
- 2 łyżki białego octu winnego
- 1 łyżka miodu
- 1 łyżeczka suszonej lawendy kulinarnej
- 3 łyżki oliwy z oliwek z pierwszego tłoczenia
- Sól i pieprz do smaku

INSTRUKCJE:

a) W małej misce wymieszaj biały ocet winny, miód, suszoną lawendę, oliwę z oliwek, sól i pieprz, aby przygotować dressing.

b) W dużej misce wymieszaj mieszankę warzyw, pokrojone gruszki, prażone orzechy włoskie i pokruszony ser pleśniowy.

c) Sałatkę polej sosem i delikatnie wymieszaj, aby nią się pokrył. Natychmiast podawaj.

11.Sałatka z mozzarellą i pomidorami lawendowymi

SKŁADNIKI:

- 2 szklanki pomidorków koktajlowych, przekrojonych na połówki
- 8 uncji świeżego sera mozzarella, pokrojonego w kostkę
- 1/4 szklanki świeżych liści bazylii, podartych
- 2 łyżki octu balsamicznego
- 1 łyżka miodu
- 1 łyżeczka suszonej lawendy kulinarnej
- 3 łyżki oliwy z oliwek z pierwszego tłoczenia
- Sól i pieprz do smaku

INSTRUKCJE:

a) W małej misce wymieszaj ocet balsamiczny, miód, suszoną lawendę, oliwę z oliwek, sól i pieprz, aby przygotować dressing.

b) W dużej misce połącz pomidorki koktajlowe, pokrojony w kostkę ser mozzarella i podarte liście bazylii.

c) Sałatkę polej sosem i delikatnie wymieszaj, aby nią się pokrył. Natychmiast podawaj.

12.Sałatka z pieczonych warzyw z lawendą

SKŁADNIKI:

- 2 szklanki pokrojonej w kostkę dyni piżmowej
- 2 szklanki brukselki, przekrojone na pół
- 1 czerwona cebula, pokrojona w plasterki
- 2 łyżki oliwy z oliwek
- 1 łyżeczka suszonej lawendy kulinarnej
- Sól i pieprz do smaku
- 4 szklanki szpinaku baby
- 1/4 szklanki suszonej żurawiny
- 1/4 szklanki pokruszonego sera koziego
- 2 łyżki octu balsamicznego
- 1 łyżka miodu
- 3 łyżki oliwy z oliwek z pierwszego tłoczenia

INSTRUKCJE:

a) Rozgrzej piekarnik do 400°F (200°C). Na blasze do pieczenia ułóż dynię, brukselkę i czerwoną cebulę. Skropić oliwą, posypać suszoną lawendą, solą i pieprzem. Piec 25-30 minut, aż warzywa będą miękkie i lekko skarmelizowane. Ostudzić.

b) W małej misce wymieszaj ocet balsamiczny, miód i oliwę z oliwek, aby przygotować dressing.

c) W dużej misce połącz pieczone warzywa, młody szpinak, suszoną żurawinę i pokruszony kozi ser. Skropić dressingiem i delikatnie wymieszać, żeby się pokrył. Natychmiast podawaj.

13.Sałatka z lawendowym kurczakiem i jagodami

SKŁADNIKI:

- 2 piersi z kurczaka bez kości i skóry
- 1 łyżka oliwy z oliwek
- 1 łyżeczka suszonej lawendy kulinarnej
- Sól i pieprz do smaku
- 6 szklanek mieszanych warzyw
- 1 szklanka świeżych truskawek, pokrojonych w plasterki
- 1/2 szklanki świeżych jagód
- 1/4 szklanki pokrojonych migdałów, uprażonych
- 2 łyżki octu malinowego
- 1 łyżka miodu
- 3 łyżki oliwy z oliwek z pierwszego tłoczenia

INSTRUKCJE:

a) Rozgrzej oliwę z oliwek na patelni na średnim ogniu. Dopraw piersi z kurczaka suszoną lawendą, solą i pieprzem. Gotuj, aż się zrumieni i ugotuje, około 6-7 minut na stronę. Pozostawić do ostygnięcia, a następnie pokroić w cienkie plasterki.

b) W małej misce wymieszaj ocet malinowy, miód i oliwę z oliwek, aby przygotować dressing.

c) W dużej misce wymieszaj mieszankę warzyw, pokrojone truskawki, jagody i prażone migdały. Na wierzch dodaj pokrojonego kurczaka. Skropić dressingiem i delikatnie wymieszać, żeby się pokrył. Natychmiast podawaj.

14.Sałatka z kurczakiem w kolorze lawendowo-pomarańczowym

SKŁADNIKI:
- 2 piersi z kurczaka bez kości i skóry
- 1 łyżka oliwy z oliwek
- 1 łyżeczka suszonej lawendy kulinarnej
- Sól i pieprz do smaku
- 6 szklanek mieszanych warzyw
- 2 pomarańcze podzielone na segmenty
- 1/4 szklanki suszonej żurawiny
- 1/4 szklanki pokrojonych migdałów, uprażonych
- 2 łyżki soku pomarańczowego
- 1 łyżka miodu
- 1 łyżeczka musztardy Dijon
- 3 łyżki oliwy z oliwek z pierwszego tłoczenia

INSTRUKCJE:
a) Rozgrzej oliwę z oliwek na patelni na średnim ogniu. Dopraw piersi z kurczaka suszoną lawendą, solą i pieprzem. Gotuj, aż się zrumieni i ugotuje, około 6-7 minut na stronę. Pozostawić do ostygnięcia, a następnie pokroić w cienkie plasterki.
b) W małej misce wymieszaj sok pomarańczowy, miód, musztardę Dijon i oliwę z oliwek, aby przygotować dressing.
c) W dużej misce połącz mieszankę zieleniny, cząstki pomarańczy, suszoną żurawinę i prażone migdały. Na wierzch dodaj pokrojonego kurczaka. Skropić dressingiem i delikatnie wymieszać, żeby się pokrył. Natychmiast podawaj.

15.Sałatka z lawendowym serem kozim i burakami

SKŁADNIKI:

- 4 średnie buraki, ugotowane, obrane i pokrojone w plasterki
- 4 szklanki szpinaku baby
- 1/4 szklanki pokruszonego sera koziego
- 1/4 szklanki posiekanych orzechów włoskich, prażonych
- 2 łyżki octu balsamicznego
- 1 łyżka miodu
- 1 łyżeczka suszonej lawendy kulinarnej
- 3 łyżki oliwy z oliwek z pierwszego tłoczenia
- Sól i pieprz do smaku

INSTRUKCJE:

a) W małej misce wymieszaj ocet balsamiczny, miód, suszoną lawendę, oliwę z oliwek, sól i pieprz, aby przygotować dressing.

b) W dużej misce połącz pokrojone buraki, młody szpinak, pokruszony kozi ser i prażone orzechy włoskie.

c) Skropić dressingiem i delikatnie wymieszać, żeby się pokrył. Natychmiast podawaj.

16.Sałatka Quinoa Z Fetą I Żurawinami

SKŁADNIKI:

- 1 szklanka komosy ryżowej, ugotowanej i ostudzonej
- 1/4 szklanki suszonej żurawiny
- 1/4 szklanki pokruszonego sera feta
- 1/4 szklanki posiekanej świeżej pietruszki
- 2 łyżki soku z cytryny
- 1 łyżka miodu
- 1 łyżeczka suszonej lawendy kulinarnej
- 3 łyżki oliwy z oliwek z pierwszego tłoczenia
- Sól i pieprz do smaku

INSTRUKCJE:

a) W małej misce wymieszaj sok z cytryny, miód, suszoną lawendę, oliwę z oliwek, sól i pieprz, aby przygotować dressing.

b) W dużej misce połącz ugotowaną komosę ryżową, suszoną żurawinę, pokruszony ser feta i posiekaną natkę pietruszki.

c) Skropić dressingiem i delikatnie wymieszać, żeby się pokrył. Podawać schłodzone lub w temperaturze pokojowej.

17.Sałatka z pieczonych ziemniaków z lawendą

SKŁADNIKI:

- 1 1/2 funta młodych ziemniaków, przekrojonych na pół
- 2 łyżki oliwy z oliwek
- 1 łyżeczka suszonej lawendy kulinarnej
- Sól i pieprz do smaku
- 4 szklanki rukoli
- 1/4 szklanki pokruszonego sera pleśniowego
- 2 łyżki czerwonego octu winnego
- 1 łyżka miodu
- 3 łyżki oliwy z oliwek z pierwszego tłoczenia

INSTRUKCJE:

a) Rozgrzej piekarnik do 400°F (200°C). Wymieszaj przekrojone na pół młode ziemniaki z oliwą z oliwek, suszoną lawendą, solą i pieprzem. Piecz przez 25-30 minut, aż będą miękkie i złociste.

b) W małej misce wymieszaj ocet winny, miód i oliwę z oliwek, aby przygotować dressing.

c) W dużej misce połącz pieczone ziemniaki, rukolę i pokruszony ser pleśniowy. Skropić dressingiem i delikatnie wymieszać, żeby się pokrył. Podawać na ciepło lub w temperaturze pokojowej.

SAŁATKI RÓŻOWE

18.Letnia sałatka z jagód i róży

SKŁADNIKI:
- 2 szklanki mieszanej sałaty zielonej
- 1 szklanka świeżych truskawek, pokrojonych w plasterki
- 1 szklanka świeżych malin
- 1/2 szklanki świeżych jagód
- 1/4 szklanki posiekanych orzechów pekan
- 2 łyżki posiekanych świeżych liści mięty
- 2 łyżki posiekanych świeżych płatków róż
- 2 łyżki octu malinowego
- 1 łyżka miodu
- Sól i pieprz do smaku

INSTRUKCJE:
a) W małej misce wymieszaj ocet malinowy, miód, sól i pieprz, aby przygotować dressing.
b) W dużej misce wymieszaj mieszankę sałat, pokrojone truskawki maliny, jagody, posiekane orzechy pekan, posiekane liście mięty posiekane płatki róż.
c) Sałatkę polej sosem i delikatnie wymieszaj, aby nią się pokrył.
d) Natychmiast podawaj.

19.Sałatka z płatków róży zimowej z pomarańczowym winegretem

SKŁADNIKI:
WINEGRET POMARAŃCZOWY:
- 1/4 szklanki świeżo wyciśniętego soku pomarańczowego
- 1 łyżeczka skórki pomarańczowej
- 2 łyżki octu balsamicznego
- 1/4 szklanki oliwy z oliwek
- 2 łyżki miodu (lub syropu klonowego w przypadku wegan)
- 1 łyżeczka czarnego sezamu
- 1 łyżeczka maku
- 1/2 łyżeczki soli
- 1/2 łyżeczki rozmarynu
- 1/4 łyżeczki pieprzu

SAŁATKA
- Płatki z 4 dużych róż, umyte i podarte
- 4 szklanki świeżej zielonej sałaty liściastej, posiekanej
- 1 średnio dojrzałe awokado, pokrojone w plasterki
- 1 duże jabłko galowe, wydrążone i pokrojone w plasterki
- 1/2 szklanki suszonej żurawiny
- 1/4 szklanki osłonek granatu
- 1/4 szklanki orzechów włoskich, grubo posiekanych
- 1/4 szklanki posiekanych migdałów

INSTRUKCJE:

a) Na sos pomarańczowy: W słoiku z szczelnie zamykaną pokrywką połącz świeżo wyciśnięty sok pomarańczowy, skórkę pomarańczową, ocet balsamiczny, oliwę z oliwek, miód (lub syrop klonowy), czarny sezam, mak, sól, rozmaryn i pieprz..

b) Dobrze wstrząśnij, aby połączyć. Jeżeli nie zostanie zużyty od razu, przechowywać w lodówce do 1 tygodnia. Dobrze wstrząśnij przed podaniem.

c) Sałatka: W dużej misce wymieszaj podarte płatki róż, posiekaną zieloną sałatę liściastą, pokrojone awokado, pokrojone jabłko gala, suszoną żurawinę, osłonki granatu, orzechy włoskie i posiekane migdały.

d) Sałatkę skrop wybraną ilością pomarańczowego winegretu i delikatnie wymieszaj. Alternatywnie, aby uzyskać atrakcyjną wizualnie prezentację, podziel i ułóż składniki sałatki na 4–6 talerzach.

e) Podawać z dodatkowym dressingiem z boku.

20.Sałatka z jagodami i płatkami róży

SKŁADNIKI:
- 2 szklanki świeżych jagód
- 1 szklanka mieszanej sałaty (takiej jak rukola, szpinak lub mieszanka młodych warzyw)
- 1/4 szklanki posiekanych świeżych liści mięty
- 1/4 szklanki świeżych liści bazylii, podartych
- Jadalne płatki róż (upewnij się, że nie zawierają pestycydów)
- 1/4 szklanki pokruszonego sera feta
- 1/4 szklanki posiekanych orzechów włoskich lub migdałów
- Ocet balsamiczny
- Oliwa z oliwek
- Sól i pieprz do smaku

INSTRUKCJE:
a) Dokładnie opłucz jagody i sałatę pod zimną wodą. Wytrzyj je do sucha ręcznikami papierowymi lub czystym ręcznikiem kuchennym.
b) W dużej misce sałatkowej wymieszaj mieszankę sałat, jagody, posiekane liście mięty, podarte liście bazylii i garść jadalnych płatków róż.
c) Na małej patelni, na średnim ogniu, podpraż posiekane orzechy włoskie lub migdały, aż będą lekko złociste i pachnące. Zdejmij z ognia i pozwól im ostygnąć.
d) Sałatkę posyp pokruszonym serem feta i prażonymi orzechami.
e) Sałatkę skrop octem balsamicznym i oliwą z oliwek. Dopraw solą i pieprzem do smaku.
f) Delikatnie wymieszaj wszystkie składniki, aż dobrze się połączą.
g) Podawaj natychmiast jako orzeźwiającą i kolorową sałatkę.
h) Ciesz się sałatką z jagodami i płatkami róż!

21.Sałatka z groszku i płatków róży

SKŁADNIKI:

- 1 garść sałaty zielonej
- 1 garść sałaty czerwonej liściastej
- 1 garść fioletowego pak choi
- 1 garść szpinaku
- 1 garść bazylii
- 10-15 świeżego groszku
- Płatki róż
- 1 łyżka organicznego jogurtu naturalnego
- 1 łyżka oliwy z oliwek
- 2 łyżeczki miodu
- 1 ząbek czosnku, posiekany

INSTRUKCJE:

a) Zacznij od dokładnego oczyszczenia wszystkich warzyw i podzielenia ich na kawałki wielkości kęsa.

b) Posiekaj bazylię i pokrój świeży groszek.

c) W średniej wielkości misce połącz warzywa, posiekaną bazylię i pokrojony groszek. Dodaj kilka płatków róż do mieszanki, zachowując większość do dekoracji.

d) W osobnej małej misce wymieszaj organiczny jogurt naturalny, oliwę z oliwek, miód i mielony czosnek, aż dobrze się wymieszają.

e) Polej dressingiem jogurtowym sałatkę i mieszaj, aż pokryje się równomiernie.

f) Udekoruj sałatkę pozostałymi płatkami róż.

g) Ciesz się sałatką z groszku i płatków róży!

SKŁADNIKI:

Winegret różany:

- 3 łyżki wrzącej wody
- 1 torebka różanej herbaty ziołowej
- 1 ½ łyżki oliwy z oliwek z pierwszego tłoczenia
- ½ łyżeczki syropu z agawy (opcjonalnie)
- Świeżo zmielony czarny pieprz
- Szczypta soli (opcjonalnie)

Sałatka Kwiatowa:

- 6 szklanek mieszanej sałatki dla dzieci
- ¼ szklanki płatków kwiatów jadalnych (takich jak chaber, słonecznik, bratki, chryzantema, nagietek, róża, lawenda, kwiaty ziołowe i warzywne)
- 1 szklanka świeżych jagód (maliny, jagody, jeżyny)
- 1 łyżka nasion konopi
- 1 łyżka nasion chia
- 1 łyżka wiórków, niesłodzonego kokosa

INSTRUKCJE:

a) Aby przygotować winegret, wlej wrzącą wodę do małej filiżanki i dodaj torebkę różanej herbaty ziołowej. Pozostawić do zaparzenia w temperaturze pokojowej na 30 minut, następnie wyjąć torebkę z herbatą. W małym naczyniu wymieszaj schłodzoną herbatę z oliwą z oliwek z pierwszego tłoczenia, syropem z agawy (jeśli używasz), świeżo zmielonym czarnym pieprzem i szczyptą soli (w razie potrzeby) na gładką masę.

b) Na sałatkę wymieszaj lekko mieszankę sałatek dla dzieci, płatki jadalnych kwiatów, świeże jagody, nasiona konopi, nasiona chia, kokos i przygotowany winegret różany, tylko do połączenia.

c) Podawaj natychmiast, aby cieszyć się świeżością i smakiem tej pięknej sałatki kwiatowej.

d) Ciesz się tą żywą i pożywną piękną sałatką kwiatową z różowym winegretem!

23.Sałatka z pieczonego łososia z różowym winegretem

SKŁADNIKI:

NA ŁOSOSA:
- 1 do 1 ½ funta łososia Verlasso
- 2 łyżeczki oliwy z oliwek
- Koszerna sól i czarny pieprz

DO OPARTU:
- 3 łyżki wytrawnego różowego wina (nie musującego)
- ½ łyżki białego octu winnego
- ½ łyżeczki musztardy Dijon
- ½ łyżeczki cukru
- Szczypta soli
- ¼ szklanki oleju o neutralnym smaku, np. oleju z awokado

INSTRUKCJE:

a) Rozgrzej piekarnik do 425°F. Łososia ułożyć na wyłożonej folią blasze do pieczenia. Skropić oliwą z oliwek i doprawić do smaku solą i pieprzem. Piecz przez 12-14 minut. Odłóż na bok, by się delikatnie schłodziło.

b) Aby przygotować sos, w słoiku wymieszaj wino różowe, ocet winny biały, musztardę Dijon, cukier i sól. Dodaj olej o neutralnym smaku, a następnie przykryj szczelnie przylegającą pokrywką. Dobrze wstrząśnij, aby połączyć.

c) Rozłóż sałatę na 4 talerze. Na każdym ułóż równe części pokrojonych w plasterki ogórków, malin, pokrojonego awokado, pokrojonej w plasterki zielonej cebuli i pokrojonego w kostkę sera feta.

d) Sałatki posyp pieczonym łososiem i dopraw do smaku winegretem z różowego wina.

e) Podawać ze schłodzonym różem jako orzeźwiający posiłek.

f) Aby przygotować się wcześniej, przygotuj łososia i winegret zgodnie z instrukcją. Przechowywać w lodówce w szczelnych szklanych pojemnikach do 3 dni. Podawaj łososia schłodzonego lub w temperaturze pokojowej, jeśli przygotowujesz go wcześniej.

24.Sałatka z arbuza i płatków róży

SKŁADNIKI:

- Arbuz pokrojony w kostkę
- Świeże liście mięty
- Jadalne płatki róż
- Ser feta, pokruszony
- Oliwki czarne, wypestkowane i pokrojone w plasterki
- Dressing: Winegret cytrynowy

INSTRUKCJE:

a) Połącz pokrojony w kostkę arbuz, świeże liście mięty, płatki róż, pokruszony ser feta i pokrojone czarne oliwki.

b) Skropić cytrynowym winegretem i delikatnie wymieszać.

25.Sałatka z ogórków i płatków róży

SKŁADNIKI:

- Ogórki pokrojone w plasterki
- Czerwona cebula, cienko pokrojona
- Jadalne płatki róż
- jogurt grecki
- Sok cytrynowy
- Koper, posiekany

INSTRUKCJE:

a) Wymieszaj razem pokrojone w plasterki ogórki, cienko pokrojoną czerwoną cebulę i płatki róż.

b) W osobnej misce wymieszaj jogurt grecki, sok z cytryny i posiekany koperek, aby przygotować dressing.

c) Sałatkę polej dressingiem i podawaj.

26.Sałatka z komosy ryżowej i płatków róży

SKŁADNIKI:

- Gotowana komosa ryżowa
- Pomidory wiśniowe, przekrojone na połówki
- Jadalne płatki róż
- Ciecierzyca, odsączona i opłukana
- Świeża pietruszka, posiekana
- Dressing: Sos cytrynowo-tahini

INSTRUKCJE:

a) W dużej misce połącz ugotowaną komosę ryżową, przekrojone na połówki pomidorki koktajlowe, płatki róż, odsączoną ciecierzycę i posiekaną natkę pietruszki.

b) Skropić cytrynowym sosem tahini i wymieszać.

27.Sałatka z pieczonych buraków i róży

SKŁADNIKI:

- 3 średniej wielkości buraki, upieczone i pokrojone w kostkę
- 2 szklanki mieszanej sałaty zielonej
- 1/4 szklanki pokruszonego sera feta
- 1/4 szklanki posiekanych orzechów włoskich
- 1/4 szklanki suszonej żurawiny
- 2 łyżki posiekanych świeżych płatków róż
- 2 łyżki octu balsamicznego
- 1 łyżka miodu
- Sól i pieprz do smaku

INSTRUKCJE:

a) W małej misce wymieszaj ocet balsamiczny, miód, sól i pieprz, aby przygotować dressing.

b) W dużej misce wymieszaj pieczone buraki, mieszankę sałat, pokruszony ser feta, posiekane orzechy włoskie, suszoną żurawinę i posiekane płatki róż.

c) Sałatkę polej sosem i delikatnie wymieszaj, aby nią się pokrył.

d) Natychmiast podawaj.

28.Sałatka z grillowanych brzoskwiń i róży

SKŁADNIKI:

- 2 dojrzałe brzoskwinie, przekrojone na pół i pozbawione pestek
- 4 szklanki rukoli
- 1/4 szklanki pokruszonego sera koziego
- 2 łyżki posiekanych świeżych liści bazylii
- 2 łyżki posiekanych świeżych płatków róż
- 2 łyżki oliwy z oliwek z pierwszego tłoczenia
- 1 łyżka octu balsamicznego
- Sól i pieprz do smaku

INSTRUKCJE:

a) Rozgrzej grill do średnio-wysokiej temperatury.

b) Posmaruj przekrojoną stronę każdej połówki brzoskwini oliwą z oliwek, posyp solą i pieprzem.

c) Grilluj brzoskwinie przekrojoną stroną do dołu przez około 3-4 minuty, aż pojawią się ślady grillowania, a brzoskwinie lekko zmiękną.

d) Zdejmij brzoskwinie z grilla i pozwól im lekko ostygnąć.

e) W dużej misce wymieszaj rukolę, pokruszony ser kozi, posiekane liście bazylii i posiekane płatki róż.

f) W małej misce wymieszaj pozostałą oliwę z oliwek, ocet balsamiczny, sól i pieprz, aby przygotować sos.

g) Grillowane brzoskwinie pokroić w plasterki i dodać do sałatki.

h) Sałatkę polej sosem i delikatnie wymieszaj, aby nią się pokrył.

i) Natychmiast podawaj.

29.Sałatka śródziemnomorska z różą

SKŁADNIKI:

- 2 szklanki ugotowanego kuskusu
- 1 szklanka pomidorków koktajlowych, przekrojonych na połówki
- 1/2 szklanki pokrojonego w plasterki ogórka
- 1/4 szklanki pokrojonych w plasterki oliwek Kalamata
- 1/4 szklanki pokruszonego sera feta
- 2 łyżki posiekanej świeżej natki pietruszki
- 2 łyżki posiekanych świeżych liści mięty
- 2 łyżki posiekanych świeżych płatków róż
- 2 łyżki soku z cytryny
- 2 łyżki oliwy z oliwek z pierwszego tłoczenia
- Sól i pieprz do smaku

INSTRUKCJE:

a) W dużej misce wymieszaj ugotowany kuskus, pomidorki cherry, pokrojony ogórek, oliwki Kalamata, pokruszony ser feta, posiekaną natkę pietruszki, posiekane liście mięty i posiekane płatki róż.

b) W małej misce wymieszaj sok z cytryny, oliwę z oliwek, sól i pieprz, aby przygotować dressing.

c) Sałatkę polej sosem i delikatnie wymieszaj, aby nią się pokrył.

d) Podawać natychmiast lub przechowywać w lodówce do momentu podania.

30.Sałatka z pieczonych buraków i róży

SKŁADNIKI:

- 3 średnie buraki, obrane i pokrojone w cienkie plasterki
- 4 szklanki szpinaku baby
- 1/2 szklanki orzechów włoskich, uprażonych i posiekanych
- 1/4 szklanki pokruszonego sera koziego
- 1/4 szklanki cienko pokrojonej czerwonej cebuli
- 3 łyżki oliwy z oliwek
- 2 łyżki octu balsamicznego
- 1 łyżeczka musztardy Dijon
- 1/2 łyżeczki wody różanej
- Sól i pieprz do smaku

INSTRUKCJE:

a) Rozgrzej piekarnik do 200°C (400°F). Pokrojone buraki ułożyć na blasze wyłożonej papierem do pieczenia. Skropić oliwą z oliwek i doprawić solą i pieprzem. Piec przez 20-25 minut lub do miękkości.

b) W małej misce wymieszaj oliwę z oliwek, ocet balsamiczny, musztardę Dijon i wodę różaną, aby przygotować dressing.

c) W dużej misce wymieszaj pieczone buraki, młody szpinak, prażone orzechy włoskie, pokruszony kozi ser i pokrojoną w plasterki czerwoną cebulę.

d) Sałatkę polej sosem i delikatnie wymieszaj, aby nią się pokrył. Natychmiast podawaj.

31.Sałatka z fig i róży

SKŁADNIKI:

- 4 świeże figi, pokrojone w plasterki
- 4 szklanki mieszanych warzyw
- 1/4 szklanki pokruszonego sera pleśniowego
- 1/4 szklanki prażonych orzechów laskowych, posiekanych
- 2 plasterki prosciutto, pokrojone w cienkie plasterki
- 3 łyżki octu balsamicznego figowego
- 2 łyżki oliwy z oliwek z pierwszego tłoczenia
- 1 łyżka soku z cytryny
- 1/2 łyżeczki wody różanej
- Sól i pieprz do smaku

INSTRUKCJE:

a) W małej misce wymieszaj figowy ocet balsamiczny, oliwę z oliwek, sok z cytryny i wodę różaną, aby przygotować sos.

b) W dużej misce połącz pokrojone figi, mieszankę warzyw, pokruszony ser pleśniowy, prażone orzechy laskowe i cienkie plasterki prosciutto.

c) Sałatkę polej sosem i delikatnie wymieszaj, aby nią się pokrył. Dopraw solą i pieprzem do smaku. Natychmiast podawaj.

32.Sałatka z cytrusów i róży

SKŁADNIKI:

- 2 pomarańcze podzielone na segmenty
- 1 grejpfrut podzielony na segmenty
- 4 szklanki młodego jarmużu
- 1/4 szklanki pokrojonych migdałów, uprażonych
- 1/4 szklanki pokruszonego sera feta
- 1/4 szklanki cienko pokrojonej czerwonej kapusty
- 3 łyżki soku pomarańczowego
- 1 łyżka soku z cytryny
- 2 łyżki oliwy z oliwek
- 1 łyżka miodu
- 1/2 łyżeczki wody różanej
- Sól i pieprz do smaku

INSTRUKCJE:

a) W małej misce wymieszaj sok pomarańczowy, sok z cytryny, oliwę z oliwek, miód i wodę różaną, aby przygotować dressing.

b) W dużej misce połącz pokrojone na kawałki pomarańcze i grejpfruty, jarmuż, prażone migdały, pokruszony ser feta i pokrojoną w plasterki czerwoną kapustę.

c) Sałatkę polej sosem i delikatnie wymieszaj, aby nią się pokrył. Dopraw solą i pieprzem do smaku. Natychmiast podawaj.

33.Sałatka z gruszek i róży

SKŁADNIKI:

- 2 dojrzałe gruszki, pokrojone w cienkie plasterki
- 4 szklanki mieszanych warzyw
- 1/4 szklanki pokruszonego sera gorgonzola
- 1/4 szklanki kandyzowanych orzechów pekan
- 1/4 szklanki cienko pokrojonych czerwonych winogron
- 3 łyżki białego octu balsamicznego z dodatkiem gruszki
- 2 łyżki oliwy z oliwek z pierwszego tłoczenia
- 1 łyżka octu jabłkowego
- 1/2 łyżeczki wody różanej
- Sól i pieprz do smaku

INSTRUKCJE:

a) W małej misce wymieszaj biały ocet balsamiczny z dodatkiem gruszki, oliwę z oliwek, ocet jabłkowy i wodę różaną, aby przygotować dressing.

b) W dużej misce połącz pokrojone gruszki, mieszankę warzyw, pokruszony ser gorgonzola, kandyzowane orzechy pekan i pokrojone czerwone winogrona.

c) Sałatkę polej sosem i delikatnie wymieszaj, aby nią się pokrył. Dopraw solą i pieprzem do smaku. Natychmiast podawaj.

SAŁATKI Z HIBISKUSA

34.Sałatka z hibiskusa Quinoa

SKŁADNIKI:

- 1 szklanka ugotowanej komosy ryżowej
- ½ szklanki herbaty hibiskusowej (mocno zaparzonej i ostudzonej)
- 1 szklanka pomidorków koktajlowych, przekrojonych na połówki
- ½ szklanki ogórka, pokrojonego w kostkę
- ¼ szklanki czerwonej cebuli, drobno posiekanej
- ¼ szklanki pokruszonego sera feta
- 2 łyżki posiekanej świeżej natki pietruszki
- 2 łyżki soku z cytryny
- 2 łyżki oliwy z oliwek z pierwszego tłoczenia
- Sól i pieprz do smaku

INSTRUKCJE:

a) W dużej misce wymieszaj ugotowaną komosę ryżową, herbatę z hibiskusa, pomidorki koktajlowe, ogórek, czerwoną cebulę, pokruszony ser feta i posiekaną świeżą pietruszkę.

b) W małej misce wymieszaj sok z cytryny, oliwę z oliwek, sól i pieprz.

c) Sosem polej sałatkę z komosy ryżowej i delikatnie wymieszaj, aby połączyć.

d) Sałatkę odstawiamy na około 15 minut, aby smaki się połączyły. W razie potrzeby dostosuj przyprawę.

e) Podawaj sałatkę z komosy ryżowej z dodatkiem hibiskusa jako orzeźwiający dodatek lub dodaj grillowanego kurczaka, krewetki lub ciecierzycę, aby stworzyć kompletny posiłek.

35.Sałatka z hibiskusa i koziego sera

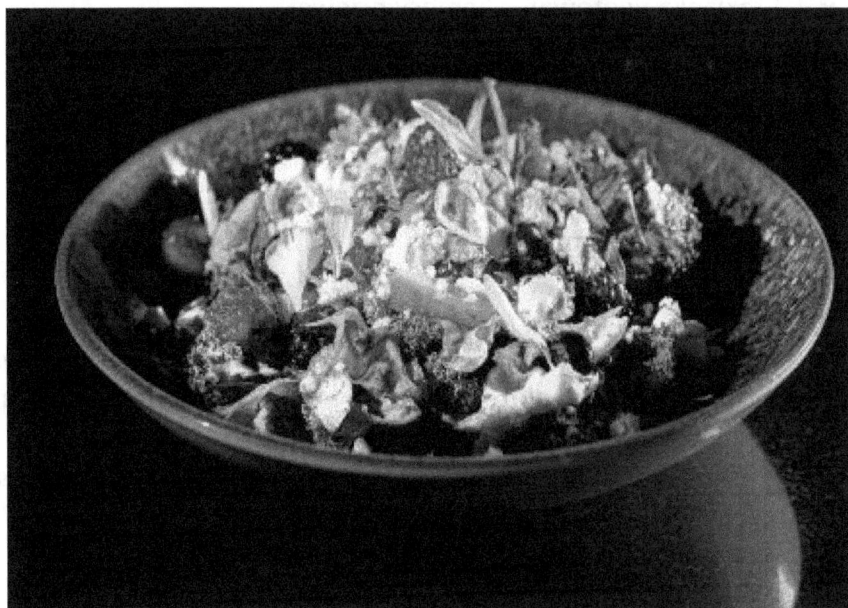

SKŁADNIKI:

- 4 szklanki mieszanej sałaty zielonej
- 1 szklanka ugotowanej komosy ryżowej
- ½ szklanki pokruszonego sera koziego
- ¼ szklanki suszonych kwiatów hibiskusa
- ¼ szklanki prażonych orzeszków piniowych
- 2 łyżki octu balsamicznego
- 2 łyżki oliwy z oliwek z pierwszego tłoczenia
- Sól i pieprz do smaku

INSTRUKCJE:

a) W dużej misce sałatkowej połącz mieszankę sałat, ugotowaną komosę ryżową, pokruszony kozi ser, suszone kwiaty hibiskusa prażone orzeszki piniowe.

b) W małej misce wymieszaj ocet balsamiczny, oliwę z oliwek, sól pieprz.

c) Sosem polej sałatkę i delikatnie wymieszaj, aby składniki się połączyły.

d) Podawaj sałatkę z hibiskusem i kozim serem jako lekką orzeźwiającą przystawkę lub dodaj grillowanego kurczaka lub krewetki, aby stworzyć kompletny posiłek.

36.Sałatka z cytrusów z hibiskusem

SKŁADNIKI:

- 2 szklanki mieszanych warzyw
- 1 pomarańcza podzielona na segmenty
- 1 grejpfrut podzielony na segmenty
- 1/4 szklanki suszonych kwiatów hibiskusa
- 1/4 szklanki pokrojonych migdałów, uprażonych
- 1/4 szklanki pokruszonego sera koziego
- 2 łyżki soku pomarańczowego
- 1 łyżka miodu
- 1 łyżka octu balsamicznego
- 3 łyżki oliwy z oliwek z pierwszego tłoczenia
- Sól i pieprz do smaku

INSTRUKCJE:

a) W małej misce wymieszaj sok pomarańczowy, miód, ocet balsamiczny i oliwę z oliwek, aby przygotować sos.

b) W dużej misce wymieszaj mieszankę warzyw, segmenty pomarańczy, segmenty grejpfruta, kwiaty hibiskusa, prażone migdały i pokruszony kozi ser.

c) Skropić dressingiem i delikatnie wymieszać, żeby się pokrył. Dopraw solą i pieprzem do smaku. Natychmiast podawaj.

37.Sałatka z awokado i hibiskusem

SKŁADNIKI:
- 2 dojrzałe awokado, pokrojone w kostkę
- 2 szklanki mieszanych warzyw
- 1/4 szklanki suszonych kwiatów hibiskusa
- 1/4 szklanki pokrojonych w plasterki rzodkiewek
- 1/4 szklanki pokruszonego sera feta
- 2 łyżki soku z cytryny
- 1 łyżka miodu
- 3 łyżki oliwy z oliwek z pierwszego tłoczenia
- Sól i pieprz do smaku

INSTRUKCJE:
a) W małej misce wymieszaj sok z cytryny, miód i oliwę z oliwek, aby przygotować dressing.
b) W dużej misce połącz pokrojone w kostkę awokado, mieszankę warzyw, kwiaty hibiskusa, pokrojone rzodkiewki i pokruszony ser feta.
c) Skropić dressingiem i delikatnie wymieszać, żeby się pokrył. Dopraw solą i pieprzem do smaku. Natychmiast podawaj.

38.Sałatka z buraków hibiskusowych

SKŁADNIKI:

- 2 średnie buraki, upieczone, obrane i pokrojone w plasterki
- 4 szklanki rukoli
- 1/4 szklanki suszonych kwiatów hibiskusa
- 1/4 szklanki prażonych orzechów włoskich, posiekanych
- 1/4 szklanki pokruszonego sera koziego
- 2 łyżki octu balsamicznego
- 1 łyżka miodu
- 3 łyżki oliwy z oliwek z pierwszego tłoczenia
- Sól i pieprz do smaku

INSTRUKCJE:

a) W małej misce wymieszaj ocet balsamiczny, miód i oliwę z oliwek aby przygotować dressing.

b) W dużej misce wymieszaj plastry pieczonych buraków, rukolę kwiaty hibiskusa, prażone orzechy włoskie i pokruszony kozi ser.

c) Skropić dressingiem i delikatnie wymieszać, żeby się pokry Dopraw solą i pieprzem do smaku. Natychmiast podawaj.

SAŁATKI NASTURTIUMS

39.Sałatka z nasturcji i winogron

SKŁADNIKI:

- 1 główka czerwonej sałaty
- 1 szklanka winogron bez pestek
- 8 liści nasturcji
- 16 kwiatów nasturcji

FLAKONIK NA SOLE TRZEŹWIĄCE:

- 3 łyżki oleju sałatkowego
- 1 łyżka białego octu winnego
- 1 ½ łyżeczki musztardy Dijon
- 1 szczypta czarnego pieprzu

INSTRUKCJE:

a) Na każdym z czterech talerzy ułóż 5 liści czerwonej sałaty, ¼ szklanki winogron, 2 liście nasturcji i 4 kwiaty nasturcji.

b) W misce wymieszaj wszystkie składniki winegretu.

c) Posmaruj równomiernie dressingiem każdą sałatkę.

d) Natychmiast podawaj.

40.z ziemniaków i nasturcji

SKŁADNIKI:

- 6 młodych ziemniaków równej wielkości
- 1 łyżka soli morskiej
- 3 szklanki pędów nasturcji, bardzo delikatne
- Młode liście i łodygi luźno upakowane
- ½ szklanki posiekanych ogórków kiszonych
- 2 łyżki marynowanych pąków nasturcji lub kaparów
- 1 ząbek czosnku, posiekany
- 5 łyżek oliwy z oliwek z pierwszego tłoczenia
- ¼ szklanki czerwonego octu winnego
- Świeżo zmielony czarny pieprz do smaku
- 2 łyżki posiekanej włoskiej pietruszki
- 1 ręka Płatki nasturcji
- 1 cały kwiat i liście nasturcji do dekoracji

INSTRUKCJE:

a) Umieść ziemniaki na patelni i zalej wodą na głębokość około 2 cali wraz z 1 łyżką soli morskiej. Przykryć i doprowadzić do wrzenia.

b) Odkryj patelnię i gotuj na dużym ogniu przez około 20 minut lub do momentu, aż ziemniaki będą miękkie.

c) Odcedzić ziemniaki i ostudzić.

d) Gdy ostygną, obierz ziemniaki i pokrój je w schludną kostkę.

e) Ziemniaki przełożyć do miski.

f) Posiekaj liście i delikatne łodygi nasturcji, dodaj do miski wraz z piklami koperkowymi, pąkami nasturcji i czosnkiem.

g) Dodać oliwę, ocet, sól i pieprz do smaku.

h) Delikatnie wymieszaj, uważając, aby nie zmiażdżyć ziemniaków.

i) Ułóż sałatkę ziemniaczaną na staroświeckim talerzu i posyp posiekaną natką pietruszki.

j) Płatki pokroić w paski i posypać sałatkę. Udekoruj całymi kwiatami i liśćmi.

41.Sałatka z krewetkami nasturcji

SKŁADNIKI:

- 2 łyżeczki świeżego soku z cytryny
- ¼ szklanki oliwy z oliwek
- Sól i pieprz
- 1 szklanka gotowanych krewetek, posiekanych
- 2 łyżki posiekanej cebuli
- 1 Pomidor, pokrojony w kostkę
- 1 awokado, pokrojone w kostkę
- Liście sałaty
- 2 łyżki posiekanych liści nasturcji
- Kwiaty nasturcji

INSTRUKCJE:

a) Wymieszaj sok z cytryny i olej. Doprawić solą i pieprzem.
b) Dodać cebulę i krewetki i wymieszać. Odstaw na 15 minut.
c) Dodaj pomidora, awokado i posiekane liście nasturcji.
d) Ułóż na liściach sałaty i otocz świeżymi, całymi kwiatami nasturcji.

42.Sałatka z nasturcji i truskawek

SKŁADNIKI:

- 2 szklanki liści i kwiatów nasturcji, umytych i osuszonych
- 1 szklanka świeżych truskawek, pokrojonych w plasterki
- 1/4 szklanki pokruszonego sera feta
- 1/4 szklanki pokrojonych migdałów, uprażonych
- 2 łyżki octu balsamicznego
- 1 łyżka miodu
- 3 łyżki oliwy z oliwek z pierwszego tłoczenia
- Sól i pieprz do smaku

INSTRUKCJE:

a) W małej misce wymieszaj ocet balsamiczny, miód i oliwę z oliwek, aby przygotować dressing.

b) W dużej misce połącz liście i kwiaty nasturcji, pokrojone truskawki, pokruszony ser feta i prażone migdały.

c) Skropić dressingiem i delikatnie wymieszać, żeby się pokrył. Dopraw solą i pieprzem do smaku. Natychmiast podawaj.

43.Sałatka z nasturcji i awokado

SKŁADNIKI:

- 2 szklanki liści i kwiatów nasturcji, umytych i osuszonych
- 2 dojrzałe awokado, pokrojone w kostkę
- 1/4 szklanki pomidorków cherry, przekrojonych na połówki
- 1/4 szklanki pokrojonego w plasterki ogórka
- 1/4 szklanki pokruszonego sera koziego
- 2 łyżki soku z cytryny
- 1 łyżka miodu
- 3 łyżki oliwy z oliwek z pierwszego tłoczenia
- Sól i pieprz do smaku

INSTRUKCJE:

a) W małej misce wymieszaj sok z cytryny, miód i oliwę z oliwek, aby przygotować dressing.

b) W dużej misce połącz liście i kwiaty nasturcji, pokrojone w kostkę awokado, pomidorki koktajlowe, pokrojony ogórek i pokruszony kozi ser.

c) Skropić dressingiem i delikatnie wymieszać, żeby się pokrył. Dopraw solą i pieprzem do smaku. Natychmiast podawaj.

44.Sałatka z nasturcji i buraków

SKŁADNIKI:

- 2 szklanki liści i kwiatów nasturcji, umytych i osuszonych
- 2 średnie buraki, upieczone, obrane i pokrojone w plasterki
- 4 szklanki szpinaku baby
- 1/4 szklanki pokruszonego sera pleśniowego
- 1/4 szklanki posiekanych orzechów włoskich, prażonych
- 2 łyżki octu balsamicznego
- 1 łyżka miodu
- 3 łyżki oliwy z oliwek z pierwszego tłoczenia
- Sól i pieprz do smaku

INSTRUKCJE:

a) W małej misce wymieszaj ocet balsamiczny, miód i oliwę z oliwek, aby przygotować dressing.

b) W dużej misce połącz liście i kwiaty nasturcji, plasterki pieczonych buraków, młody szpinak, pokruszony ser pleśniowy i posiekane orzechy włoskie.

c) Skropić dressingiem i delikatnie wymieszać, żeby się pokrył. Dopraw solą i pieprzem do smaku. Natychmiast podawaj.

45.Sałatka z nasturcji i kurczaka

SKŁADNIKI:

- 2 szklanki liści i kwiatów nasturcji, umytych i osuszonych
- 2 piersi z kurczaka bez kości i skóry, ugotowane i pokrojone w kostkę
- 4 szklanki mieszanych warzyw
- 1/4 szklanki pokrojonych migdałów, uprażonych
- 1/4 szklanki suszonej żurawiny
- 2 łyżki octu jabłkowego
- 1 łyżka miodu
- 3 łyżki oliwy z oliwek z pierwszego tłoczenia
- Sól i pieprz do smaku

INSTRUKCJE:

a) W małej misce wymieszaj ocet jabłkowy, miód i oliwę z oliwek, aby przygotować dressing.

b) W dużej misce połącz liście i kwiaty nasturcji, pokrojone w kostkę piersi z kurczaka, mieszankę warzyw, pokrojone migdały i suszoną żurawinę.

c) Skropić dressingiem i delikatnie wymieszać, żeby się pokrył. Dopraw solą i pieprzem do smaku. Natychmiast podawaj.

SAŁATKI Z DANDELIONÓW

46.Sałatka z mniszka lekarskiego i chorizo

SKŁADNIKI:

- Sałatka z młodych liści mniszka lekarskiego
- 2 kromki chleba, pokrojone
- 4 łyżki oliwy z oliwek
- 150 gramów Chorizo, pokrojonego w grube plasterki
- 2 posiekane ząbki czosnku
- 1 łyżka octu z czerwonego wina
- Sól i pieprz

INSTRUKCJE:

a) Zbierz liście mniszka lekarskiego, opłucz i osusz czystą ściereczką Ułóż w misce do serwowania.

b) Z chleba odkrawamy skórkę i kroimy go w kostkę. Na pateln rozgrzej połowę oliwy z oliwek.

c) Smażyć grzanki na umiarkowanym ogniu, często obracając, a będą równomiernie zrumienione.

d) Odsączyć na papierze kuchennym. Wytrzyj patelnię i doda pozostały olej. Smaż chorizo lub smalce na dużym ogniu, aż si zarumienią.

e) Dodać czosnek i smażyć jeszcze kilka sekund, następnie zdjąć ognia. Wyjmij chorizo łyżką cedzakową i posyp nim sałatkę.

f) Odstawić patelnię na chwilę do ostygnięcia, dodać ocet i pola wszystko sałatką.

g) Posyp grzankami, dopraw solą i pieprzem, wymieszaj i podawaj.

47.z mniszka lekarskiego z dressingiem z jagód Açaí

SKŁADNIKI:

DRESSING JAGODOWY AÇAÍ

- 100-gramowe opakowanie niesłodzonego Açaí o temperaturze pokojowej
- ¼ szklanki oleju kokosowego
- ¼ szklanki octu jabłkowego
- 2 łyżki miodu
- 1 łyżka nasion chia
- 1 łyżeczka soli morskiej

SAŁATKA

- 2 szklanki drobno pokrojonego jarmużu
- 2 szklanki cienko pokrojonej kapusty pekińskiej
- 1 szklanka drobno pokrojonych liści mniszka lekarskiego
- 1 szklanka pokrojonej w cienkie plasterki czerwonej kapusty
- ½ szklanki pokrojonej w cienkie plasterki bazylii
- ½ szklanki rozdrobnionych buraków
- ½ szklanki startej marchewki
- ½ szklanki prażonych nasion dyni
- Kiełki słonecznika

INSTRUKCJE:

a) Aby przygotować dressing z jagód Açaí: Zmiksuj wszystkie składniki w robocie kuchennym lub blenderze na gładką masę.

b) Jarmuż włóż do dużej miski. Nałóż kilka łyżek stołowych na jarmuż i wmasuj, aż się pokryje. Dodaj wszystkie pozostałe warzywa do miski i skrop dodatkowym dressingiem, według uznania.

c) Posyp pestkami dyni i kiełkami, wymieszaj. Ciesz się odżywianiem!

48.Sałatka z mniszka lekarskiego i chorizo

SKŁADNIKI:

- Sałatka z młodych liści mniszka lekarskiego
- 2 kromki chleba, pokrojone
- 4 łyżki oliwy z oliwek
- 150 gramów Chorizo, pokrojonego w grube plasterki
- 2 posiekane ząbki czosnku
- 1 łyżka octu z czerwonego wina
- Sól i pieprz

INSTRUKCJE:

a) Zbierz liście mniszka lekarskiego, opłucz i osusz czystą ściereczką. Ułóż w misce do serwowania.
b) Z chleba odkrawamy skórkę i kroimy go w kostkę. Na patelni rozgrzej połowę oliwy z oliwek.
c) Smażyć grzanki na umiarkowanym ogniu, często obracając, aż będą równomiernie zrumienione.
d) Odsączyć na papierze kuchennym. Wytrzyj patelnię i dodaj pozostały olej. Smaż chorizo lub smalce na dużym ogniu, aż się zarumienią.
e) Dodać czosnek i smażyć jeszcze kilka sekund, następnie zdjąć z ognia. Wyjmij chorizo łyżką cedzakową i posyp nim sałatkę.
f) Odstawić patelnię na chwilę do ostygnięcia, dodać ocet i polać wszystko sałatką.
g) Posyp grzankami, dopraw solą i pieprzem, wymieszaj i podawaj.

49.Sałatka z mniszka lekarskiego

SKŁADNIKI:

- 4 szklanki świeżej zieleniny mniszka lekarskiego
- 1 szklanka pomidorków koktajlowych, przekrojonych na połówki
- 1/2 szklanki sera feta, pokruszonego
- 1/4 szklanki sosu balsamicznego
- Sól i pieprz do smaku

INSTRUKCJE:

a) Umyj i wysusz liście mniszka lekarskiego.
b) Wymieszaj liście mniszka lekarskiego, pomidorki koktajlowe i se feta.
c) Skropić sosem balsamicznym. Doprawić solą i pieprzem.

50.Sałatka z pieczonej dyni Pattypan

SKŁADNIKI:
PESTO

- 1 uncja zieleniny mniszka lekarskiego, przycięta i porwana na kawałki wielkości kęsa
- 3 łyżki prażonych nasion słonecznika
- 3 łyżki wody
- 1 łyżka syropu klonowego
- 1 łyżka octu jabłkowego
- 1 ząbek czosnku, posiekany
- ¼ łyżeczki soli kuchennej
- ⅛ łyżeczki płatków czerwonej papryki
- ¼ szklanki oliwy z oliwek z pierwszego tłoczenia

SAŁATKA

- 2 łyżki oliwy z oliwek extra virgin
- 2 łyżeczki syropu klonowego
- ½ łyżeczki soli kuchennej
- ⅛ łyżeczki pieprzu
- 1,5 funta dyni małego pattypanu, przekrojonej poziomo na pół
- 4 kłosy kukurydzy, ziarna wycięte z kolby
- 1 funt dojrzałych pomidorów, wydrążonych, pokrojonych w kliny o grubości ½ cala i kliny przekrojone na pół
- 1 uncja zieleniny mniszka lekarskiego, przyciętego i porwanego na kawałki wielkości kęsa (1 szklanka)
- 2 łyżki prażonych nasion słonecznika

INSTRUKCJE:

NA PESTO:

a) Ustaw półkę piekarnika w najniższej pozycji, umieść na niej obramowaną blachę do pieczenia i rozgrzej piekarnik do 500 stopni.

b) Zmiel zieleninę mniszka lekarskiego, nasiona słonecznika, wodę, syrop klonowy, ocet, czosnek, sól i płatki pieprzu w robocie kuchennym, aż zostaną drobno zmielone, przez około 1 minutę, w razie potrzeby zeskrobując boki miski.

c) Gdy procesor jest uruchomiony, powoli wlewaj olej, aż się wchłonie.

NA SAŁATKĘ:

d) W dużej misce wymieszaj olej, syrop klonowy, sól i pieprz. Dodaj dynię i kukurydzę i wymieszaj. Pracując szybko, rozłóż warzywa w jednej warstwie na gorącym arkuszu, układając dynię przekrojoną stroną do dołu.

e) Piec, aż przecięta strona dyni będzie rumiana i miękka, od 15 do 18 minut. Przełożyć blachę na kratkę i pozostawić do lekkiego przestygnięcia na około 15 minut.

f) Połącz pieczoną dynię i kukurydzę, połowę pesto, pomidory i zieleninę mniszka lekarskiego w dużej misce i delikatnie wymieszaj.

g) Skropić pozostałym pesto i posypać pestkami słonecznika. Podawać.

51. Słoik z sałatką z pomidorów, dyni i mniszka lekarskiego

SKŁADNIKI:
- 1/2 szklanki ugotowanej dyni pokrojonej w kostkę
- 1/2 szklanki pomidorów
- 1/2 szklanki pokrojonego w plasterki ogórka
- 1/2 szklanki liści mniszka lekarskiego

UBIERANIE SIĘ:
- 1 łyżka. oliwa z oliwek i 1 łyżka. z Chlorelli
- 1 łyżka. świeży sok z cytryny i szczypta soli morskiej

INSTRUKCJE:
a) Składniki ułożyć w następującej kolejności: dressing, pomidory, ogórki, dynia i liście mniszka lekarskiego.

SKŁADNIKI:

- 3/4 szklanki ciecierzycy
- 1/2 szklanki pomidorów i 1/2 szklanki liści mniszka lekarskiego
- 1/2 szklanki pokrojonego w plasterki ogórka
- 1/2 szklanki żółtej papryki

UBIERANIE SIĘ:

- 1 łyżka. oliwa z oliwek i 2 łyżki. Jogurt grecki
- 1 łyżka. świeży sok z cytryny i szczypta soli morskiej

INSTRUKCJE:

a) Składniki ułożyć w następującej kolejności: dressing, ogórek, pomidor, ciecierzyca, papryka i liście mniszka lekarskiego.

53.z buraków, marchwi, buraków i pomidorów cherry

SKŁADNIKI:

- 1 szklanka pakowanych buraków
- 1/2 szklanki pokrojonej w plasterki marchewki
- 1 szklanka pomidorków koktajlowych
- 1 szklanka pokrojonego buraka
- 1/2 szklanki liści mniszka lekarskiego

UBIERANIE SIĘ:

- 1 łyżka. oliwa z oliwek lub olej z awokado
- 1 łyżka. świeży sok z cytryny
- szczypta czarnego pieprzu
- szczypta soli morskiej i jeden zmielony ząbek czosnku (opcjonalnie)

INSTRUKCJE:

a) Wymieszaj wszystkie składniki.

54.Pomidor, kurczak, ogórki, sałatka z mniszka lekarskiego w słoiku

SKŁADNIKI:
- 1/2 szklanki grillowanego kurczaka
- 1/2 szklanki pomidorów
- 1/2 szklanki pokrojonych w plasterki ogórków
- 1/2 szklanki liści mniszka lekarskiego

UBIERANIE SIĘ:
- 1 łyżka. oliwa z oliwek i 2 łyżki. Jogurt grecki
- 1 łyżka. świeży sok z cytryny i szczypta soli morskiej

INSTRUKCJE:
a) Składniki ułóż w następującej kolejności: dressing, kurczak, pomidor, ogórki i mniszek lekarski.

55.z kuskusem, kurczakiem i mniszkiem

SKŁADNIKI:
NA SAŁATKĘ
- 4 piersi z kurczaka bez kości i skóry
- Jarmuż w worku 7 uncji
- ½ funta porwanych zielonych liści mniszka lekarskiego
- kilka cienkich plasterków czerwonej cebuli
- 1/2 słodkiej czerwonej papryki, pokrojonej w paski
- 1 1/2 szklanki pomidorów winogronowych przekrojonych na pół
- 1 marchewka, pokrojona w wstążki
- 1 czerwona pomarańcza, przekrojona na pół i lekko grillowana
DO MARYNATY:
- 2 łyżki świeżo wyciśniętego soku z cytryny
- 1 łyżeczka suszonego oregano
- 1 łyżeczka czosnku, zmiażdżonego
- sól koszerna do smaku
- świeżo zmielony czarny pieprz do smaku
NA BIAŁY WINEGRET BALSAMICZNY:
- 1/4 szklanki liści bazylii
- 3 łyżki białego octu balsamicznego
- 2 łyżki posiekanej szalotki
- 1 łyżka wody
- 2 łyżki oliwy z oliwek z pierwszego tłoczenia
- szczypta soli i świeżo zmielonego czarnego pieprzu

INSTRUKCJE:
a) Połączyć składniki marynaty – sok z cytryny, oregano, przecier czosnkowy, sól i czarny pieprz i zalać kurczaka, pozostawić do zamarynowania.
b) Wszystkie składniki winegretu umieścić w blenderze i zmiksować na gładką masę. Odłożyć na bok.
c) Grilluj kurczaka, aż będzie dobrze rumiany z obu stron.
d) Ułóż warzywa, połóż na nich kurczaka i skrop sosem balsamicznym.

56.Sałatka z makaronem mniszka lekarskiego

SKŁADNIKI:

- 3 szklanki ugotowanego makaronu
- 2 łyżki octu
- 1 ½ szklanki pokrojonych w kostkę pomidorów, odsączonych
- 1 łyżka oliwy z oliwek
- 1 szklanka liści mniszka lekarskiego, wstępnie ugotowanych
- 8 oliwek pokrojonych w plasterki
- 2 dzikie pory, posiekane, warzywa i all lub 2 łyżki posiekanej cebuli
- ½ łyżeczki soli

INSTRUKCJE:

a) Połącz i ciesz się!

57.Zwiędłe warzywa mniszka lekarskiego z bekonem

SKŁADNIKI:

- 1 łyżka całych nasion gorczycy
- 2 łyżeczki klarowanego masła lub ghee
- 4 uncje boczku wyhodowanego na pastwisku, posiekanego
- 1 mała szalotka, posiekana
- 1 funt młodych liści mniszka lekarskiego
- 2 łyżeczki czerwonego octu winnego

INSTRUKCJE:

a) Umieść patelnię żeliwną lub ze stali nierdzewnej na dużym ogniu. Dodaj całe nasiona gorczycy na patelnię i praż je delikatnie, aż uwolnią swój zapach, około dwóch minut. Uprażone nasiona gorczycy przełóż do miski lub naczynia, aby ostygły.

b) Zmniejsz ogień do średniego. Dodaj jedną łyżeczkę klarowanego masła lub ghee na patelnię i poczekaj, aż się rozpuści, aż zacznie się pienić. Na patelnię wrzucamy pokrojony boczek i smażymy, aż będzie chrupiący i wytopi się tłuszcz. Przełóż chrupiący boczek do naczynia z prażonymi ziarnami gorczycy.

c) Na tej samej patelni z pozostałym tłuszczem z boczku dodaj posiekaną szalotkę. Smaż szalotkę, aż zacznie pachnieć i zmięknie, około trzech minut.

d) Wmieszaj zieleninę mniszka lekarskiego na patelnię z miękką szalotką i tłuszczem z bekonu. Natychmiast wyłącz ogień, ponieważ warzywa zwlędną pod wpływem ciepła resztkowego patelni.

e) Wlej ocet winny na zwiędłe liście mniszka lekarskiego i kontynuuj mieszanie, aż warzywa zwiędną zgodnie z twoimi upodobaniami.

f) Przełóż zwiędłe liście mniszka lekarskiego do naczynia, w którym będziesz serwować porcję. Na wierzch posypujemy prażonymi ziarnami gorczycy i chrupiącym boczkiem.

g) Podawaj zwiędłe liście mniszka lekarskiego natychmiast jako pyszny dodatek lub lekki posiłek.

SAŁATKI Z WIESIENKÓW

58.Sałatka letnia z tofu i pierwiosnkiem

SKŁADNIKI:

NA LETNĄ SAŁATKĘ:
- 2 główki sałaty masłowej
- 1 funt roszponki
- 2 złote kiwi użyj zielonego, jeśli złote nie jest dostępne
- 1 garść wiesiołka
- 1 garść orzechów włoskich
- Opcjonalnie 2 łyżeczki nasion słonecznika
- 1 cytryna

NA TOFU FETĘ:
- 1 blok tofu Użyłem bardzo twardego
- 2 łyżki octu jabłkowego
- 2 łyżki świeżego soku z cytryny
- 2 łyżki czosnku w proszku
- 2 łyżki proszku cebulowego
- 1 łyżeczka koperku świeżego lub suszonego
- 1 szczypta soli

INSTRUKCJE:

a) W misce pokrój bardzo twarde tofu w kostkę, dodaj wszystkie pozostałe składniki i rozgnieć widelcem.

b) Włóż do szczelnego pojemnika i przechowuj w lodówce przez kilka godzin.

c) Przed podaniem ułóż większe liście na dnie dużej miski: na wierzchu sałatę masłową i roszponkę.

d) Kiwi pokroić w plasterki i ułożyć na liściach sałaty.

e) Do miski wsyp trochę orzechów włoskich i nasion słonecznika.

f) Zbieraj i ostrożnie jadalne kwiaty. Ułóż je delikatnie wokół sałatki.

g) Wyjmij tofu fetę z lodówki, w tym momencie powinno już być możliwe pokrojenie/rozdrobnienie. Połóż wokół kilka dużych kawałków.

h) Wyciśnij sok z połowy cytryny, a drugą połóż na stole i dodaj trochę.

59.Sałatka z pierwiosnków i cytrusów

SKŁADNIKI:

- 2 szklanki kwiatów pierwiosnka, umytych i osuszonych
- 2 pomarańcze podzielone na segmenty
- 1 grejpfrut podzielony na segmenty
- 4 szklanki mieszanych warzyw
- 1/4 szklanki pokrojonych migdałów, uprażonych
- 1/4 szklanki pokruszonego sera feta
- 2 łyżki soku z cytryny
- 1 łyżka miodu
- 3 łyżki oliwy z oliwek z pierwszego tłoczenia
- Sól i pieprz do smaku

INSTRUKCJE:

a) W małej misce wymieszaj sok z cytryny, miód i oliwę z oliwek, aby przygotować dressing.

b) W dużej misce połącz kwiaty pierwiosnka, segmenty pomarańczy, segmenty grejpfruta, mieszankę warzyw, pokrojone migdały i pokruszony ser feta.

c) Skropić dressingiem i delikatnie wymieszać, żeby się pokrył. Dopraw solą i pieprzem do smaku. Natychmiast podawaj.

60.Sałatka z pierwiosnków i truskawek

SKŁADNIKI:

- 2 szklanki kwiatów pierwiosnka, umytych i osuszonych
- 2 szklanki świeżych truskawek, pokrojonych w plasterki
- 4 szklanki szpinaku baby
- 1/4 szklanki pokrojonej w plasterki czerwonej cebuli
- 1/4 szklanki pokruszonego sera koziego
- 1/4 szklanki posiekanych orzechów włoskich, prażonych
- 2 łyżki octu balsamicznego
- 1 łyżka miodu
- 3 łyżki oliwy z oliwek z pierwszego tłoczenia
- Sól i pieprz do smaku

INSTRUKCJE:

a) W małej misce wymieszaj ocet balsamiczny, miód i oliwę z oliwek aby przygotować dressing.

b) W dużej misce połącz kwiaty pierwiosnka, pokrojone truskawki, młody szpinak, pokrojoną w plasterki czerwoną cebulę, pokruszony kozi ser i posiekane orzechy włoskie.

c) Skropić dressingiem i delikatnie wymieszać, żeby się pokryt. Dopraw solą i pieprzem do smaku. Natychmiast podawaj.

61.Sałatka z pierwiosnka i komosy ryżowej

SKŁADNIKI:

- 2 szklanki kwiatów pierwiosnka, umytych i osuszonych
- 2 szklanki ugotowanej komosy ryżowej, ostudzonej
- 1/2 szklanki pokrojonego w kostkę ogórka
- 1/2 szklanki pokrojonej w kostkę czerwonej papryki
- 1/4 szklanki posiekanej świeżej pietruszki
- 1/4 szklanki pokruszonego sera feta
- 2 łyżki soku z cytryny
- 1 łyżka miodu
- 3 łyżki oliwy z oliwek z pierwszego tłoczenia
- Sól i pieprz do smaku

INSTRUKCJE:

a) W małej misce wymieszaj sok z cytryny, miód i oliwę z oliwek, aby przygotować dressing.

b) W dużej misce połącz kwiaty pierwiosnka, ugotowaną komosę ryżową, pokrojony w kostkę ogórek, pokrojoną w kostkę czerwoną paprykę, posiekaną natkę pietruszki i pokruszony ser feta.

c) Skropić dressingiem i delikatnie wymieszać, żeby się pokrył. Dopraw solą i pieprzem do smaku. Podawać schłodzone lub w temperaturze pokojowej.

62.Sałatka z Wiesiołka i Kurczaka

SKŁADNIKI:

- 2 szklanki kwiatów pierwiosnka, umytych i osuszonych
- 2 piersi z kurczaka bez kości i skóry, ugotowane i pokrojone w kostkę
- 4 szklanki mieszanych warzyw
- 1/4 szklanki suszonej żurawiny
- 1/4 szklanki pokrojonych migdałów, uprażonych
- 1/4 szklanki pokruszonego sera pleśniowego
- 2 łyżki octu jabłkowego
- 1 łyżka miodu
- 3 łyżki oliwy z oliwek z pierwszego tłoczenia
- Sól i pieprz do smaku

INSTRUKCJE:

a) W małej misce wymieszaj ocet jabłkowy, miód i oliwę z oliwek, aby przygotować dressing.

b) W dużej misce połącz kwiaty pierwiosnka, pokrojone w kostkę piersi z kurczaka, mieszankę warzyw, suszoną żurawinę, pokrojone migdały i pokruszony ser pleśniowy.

c) Skropić dressingiem i delikatnie wymieszać, żeby się pokrył. Dopraw solą i pieprzem do smaku. Natychmiast podawaj.

SAŁATKI Z OGÓRECZNIKA

63.Ogórecznik I Ogórki W Śmietanie

SKŁADNIKI:

- 3 Długie ogórki
- Sól
- ½ litra kwaśnej śmietany
- 2 łyżki octu ryżowego
- ½ łyżeczki nasion selera
- ¼ szklanki posiekanej szalotki
- 1 łyżeczka cukru
- Sól i pieprz
- ¼ szklanki młodych liści ogórecznika, drobno posiekanych

INSTRUKCJE:

a) Umyj, wydrąż gniazda nasienne i pokrój w cienkie plasterki.
b) Lekko posolić i odstawić na 30 minut na durszlak, aby odciekły. Opłucz i osusz.
c) Pozostałe składniki wymieszać, doprawić do smaku solą i pieprzem.
d) Dodać ogórki i lekko wymieszać.
e) Udekoruj kwiatami ogórecznika lub kwiatami szczypiorku.

64.Sałatka z ogórecznika i truskawek

SKŁADNIKI:

- Świeże liście ogórecznika
- Świeże truskawki, pokrojone w plasterki
- Liście szpinaku baby
- Ser kozi, pokruszony
- Prażone migdały, posiekane
- Glazura balsamiczna

INSTRUKCJE:

a) Umyj i osusz liście ogórecznika i młode liście szpinaku.
b) W salaterce wymieszaj liście ogórecznika, młody szpinak, pokrojone truskawki, pokruszony kozi ser i posiekane prażone migdały.
c) Tuż przed podaniem skrop polewą balsamiczną i delikatnie wymieszaj.
d) Ciesz się tą wspaniałą mieszanką smaków i tekstur!

65.Sałatka z ogórecznika i awokado

SKŁADNIKI:

- Świeże liście ogórecznika
- Dojrzałe awokado, pokrojone w kostkę
- Mieszane sałaty zielone
- Czerwona papryka, pokrojona w cienkie plasterki
- Czerwona cebula, cienko pokrojona
- Sos winegret cytrynowy
- Prażone orzeszki piniowe

INSTRUKCJE:

a) Umyj i osusz liście ogórecznika i mieszankę sałat.

b) W dużej misce sałatkowej połącz liście ogórecznika, mieszankę warzyw, pokrojone w kostkę awokado, pokrojoną w plasterki czerwoną paprykę i pokrojoną w plasterki czerwoną cebulę.

c) Skropić cytrynowym dressingiem winegret i delikatnie wymieszać.

d) Posyp prażonymi orzeszkami piniowymi tuż przed podaniem, aby dodać chrupkości i smaku.

66.Sałatka z ogórecznika i cytrusów

SKŁADNIKI:

- Świeże liście ogórecznika
- Segmenty pomarańczowe
- Kawałki grejpfruta
- Młode liście jarmużu
- Osłonki granatu
- Prażone orzechy włoskie, posiekane
- Cytrusowy sos winegret

INSTRUKCJE:

a) Umyj i osusz liście ogórecznika i młode liście jarmużu.

b) W misce sałatkowej połącz liście ogórecznika, jarmuż, cząstki pomarańczy, cząstki grejpfruta i osłonki granatu.

c) Skropić cytrusowym sosem vinaigrette i delikatnie wymieszać, aby równomiernie się nim pokrył.

d) Tuż przed podaniem posyp posiekanymi prażonymi orzechami włoskimi, aby dodać tekstury i orzechowości.

67.Sałatka z kuskusem i ogórecznikiem

SKŁADNIKI:

- 1 szklanka kuskusu, suchego
- 1 szklanka wrzącej wody
- Wyciśnij sok z cytryny
- 1 łyżka oliwy z oliwek lub oleju kokosowego
- 5 rozdrobnionych liści szpinaku (najlepiej typu „Bright Lights")
- Garść rukoli, rozdrobnione
- 1 pęczek dymki (lub czerwonej cebuli), drobno posiekanej
- Garść liści ogórecznika, drobno posiekanych
- ¼ szklanki prażonych nasion sezamu
- Szczypta mielonej kolendry
- Sól i pieprz do smaku
- 2 łyżki oliwy z oliwek
- Sok z 1 całej cytryny (dodaj trochę startej skórki, aby uzyskać dodatkowy efekt)

INSTRUKCJE:

a) Do miski wsypujemy suchy kuskus, wrzącą wodę, wyciśnięty sok z cytryny i 1 łyżkę oliwy z oliwek lub oleju kokosowego. Przykryj miskę talerzem i pozostaw do namoczenia na około 15 minut. Po namoczeniu rozgnieść kuskus widelcem i pozostawić do ostygnięcia.

b) Gdy kuskus ostygnie, dodaj posiekane liście szpinaku, rukolę, drobno posiekaną dymkę (lub czerwoną cebulę), drobno posiekane liście ogórecznika, prażone nasiona sezamu, sproszkowaną kolendrę, sól i pieprz.

c) Sałatkę skrop 2 łyżkami oliwy z oliwek i wyciśnij sok z 1 całej cytryny. Opcjonalnie dla dodatkowego smaku można dodać trochę startej skórki z cytryny.

d) Całość dokładnie mieszamy i odstawiamy na około godzinę, aby smaki się przegryzły.

e) Sałatkę podawaj jako bazę do dań z kurczaka lub ryb lub delektuj się nią z dodatkiem awokado, karczochów i fety w wersji wegetariańskiej.

f) Udekoruj kwiatami ogórecznika i żółtymi kwiatami szczawika lub dowolnymi wybranymi kwiatami jadalnymi, aby uzyskać atrakcyjną wizualnie prezentację.

g) Tę lekką, ale pożywną sałatkę można przechowywać w lodówce przez kilka dni, co czyni ją wygodnym i uniwersalnym daniem.

68.Makaron Z Ricottą, Ogórecznikiem I Fasolką szparagową

SKŁADNIKI:

- 1 funt/500 g ogórecznik
- 8 uncji/250 g. ricotta
- 7 uncji/200 g krótki makaron, np. penne
- 7 uncji/200 g. zielone fasolki
- 3⅓ łyżki/50 g. mleko
- 3 ⅓ łyżki. 50g. migdały z łuszczącą się skórką
- 4 maliny
- tymianek
- Kwiaty ogórecznika
- Oliwa z oliwek z pierwszego tłoczenia
- Sól
- Pieprz

INSTRUKCJE:

a) Ogórecznik dokładnie umyć, oddzielając łodygi od liści. W garnku zagotuj wodę i dodaj sól. Liście ogórecznika gotować we wrzącej wodzie przez 5 minut. Następnie odcedzić i odstawić.

b) Łodygi ogórecznika pokroić na kawałki tej samej wielkości co makaron.

c) Fasolkę szparagową umyj, odetnij końce i pokrój na 2-calowe kawałki. Gotuj fasolkę szparagową w tej samej wodzie, w której gotowano liście ogórecznika przez 5 minut. Odcedź i pozwól im ostygnąć.

d) W blenderze wymieszaj ricottę z ugotowanymi liśćmi ogórecznika, 2 łyżkami posiekanego tymianku, mlekiem i szczyptą soli. Zmiksuj na gładką masę, aby powstał krem z ricotty.

e) W kolejnym garnku zagotuj wodę, dodaj sól i ugotuj makaron wraz z łodygami ogórecznika, aż będzie al dente. Odcedź makaron.

f) W dużej misce wymieszaj odcedzony makaron z ugotowaną fasolką szparagową. Doprawiamy oliwą, solą i pieprzem do smaku.

g) Na talerzach rozsmaruj krem z ricottą. Na wierzch dodaj mieszankę makaronu i fasolki szparagowej.

h) Udekoruj danie posiekanymi malinami, migdałami i kwiatami ogórecznika.

i) Podawaj i delektuj się tym wspaniałym daniem z makaronem, którego smaki ricotty, ogórecznika i fasolki szparagowej pięknie się łączą.

SAŁATKI CHRYZANTEMOWE

69.Czerwona kapusta z chryzantemą s

SKŁADNIKI:

- 1 Czerwona kapusta, pozbawiona rdzenia i cienko
- ¼ szklanki masła
- 1 Cebula, pokrojona w krążki
- 2 duże jabłka, obrane, wydrążone i pokrojone w cienkie plasterki
- 2 łyżki płatków żółtej chryzantemy
- 2 łyżki brązowego cukru
- Zimna woda
- 4 łyżki octu winnego czerwonego
- Sól morska
- Pieprz
- Masło
- Świeże płatki chryzantemy

INSTRUKCJE:

a) Blanszuj czerwoną kapustę we wrzącej wodzie przez 1 minutę.
b) Odcedzić, odświeżyć i odstawić. Na patelni rozgrzej masło, włóż krążki cebuli i smaż przez 4 minuty, aż będą miękkie.
c) Dodaj plasterki jabłka i smaż przez kolejną minutę.
d) Kapustę włożyć do głębokiego, żaroodpornego naczynia żaroodpornego z szczelnie przylegającą pokrywką.
e) Wymieszaj cebulę, jabłka i płatki chryzantem i obróć wszystkie składniki, aby dobrze pokryły się masłem.
f) Posypać cukrem, zalać wodą i octem. Lekko dopraw.
g) Gotuj na małym ogniu lub w piekarniku nagrzanym na 170°C/gaz 3 przez 1½ - 2 godziny, aż kapusta będzie miękka.
h) Tuż przed podaniem dodaj porządną kostkę masła i kilka świeżych płatków chryzantemy.

70.Sałatka z chryzantem i mandarynek

SKŁADNIKI:

- 2 szklanki płatków chryzantemy, umytych i osuszonych
- 2 mandarynki, obrane i podzielone na segmenty
- 1/4 szklanki pokrojonych migdałów, uprażonych
- 1/4 szklanki pokruszonego sera feta
- 2 łyżki octu balsamicznego
- 1 łyżka miodu
- Sól i pieprz do smaku

INSTRUKCJE:

a) W dużej misce wymieszaj płatki chryzantemy, cząstki mandarynki prażone pokrojone migdały i pokruszony ser feta.

b) W małej misce wymieszaj ocet balsamiczny, miód, sól i pieprz, aby przygotować dressing.

c) Sałatkę polej sosem i delikatnie wymieszaj, aby nią się pokrył.

d) Podawaj natychmiast jako orzeźwiającą i kolorową sałatkę.

71.Sałatka z chryzantem i komosy ryżowej

SKŁADNIKI:

- 2 szklanki płatków chryzantemy, umytych i osuszonych
- 1 szklanka ugotowanej komosy ryżowej, ostudzonej
- 1/2 ogórka, pokrojonego w kostkę
- 1/2 czerwonej papryki, pokrojonej w kostkę
- 1/4 szklanki pokruszonego sera koziego
- 2 łyżki posiekanej świeżej mięty
- Sok z 1 cytryny
- 2 łyżki oliwy z oliwek
- Sól i pieprz do smaku

INSTRUKCJE:

a) W dużej misce wymieszaj płatki chryzantemy, ugotowaną komosę ryżową, pokrojony w kostkę ogórek, pokrojoną w kostkę czerwoną paprykę, pokruszony kozi ser i posiekaną świeżą miętę.

b) W małej misce wymieszaj sok z cytryny, oliwę z oliwek, sól i pieprz, aby przygotować dressing.

c) Sosem polej sałatkę i delikatnie wymieszaj, aby składniki się połączyły.

d) Podawać schłodzone lub w temperaturze pokojowej jako pożywną i aromatyczną sałatkę.

72. Sałatka z chryzantemą i kurczakiem

SKŁADNIKI:

- 2 szklanki płatków chryzantemy, umytych i osuszonych
- 1 szklanka ugotowanej piersi z kurczaka, posiekanej
- 1/2 szklanki pomidorków cherry, przekrojonych na połówki
- 1/4 szklanki pokrojonej w plasterki czerwonej cebuli
- 1/4 szklanki pokruszonego sera pleśniowego
- 2 łyżki posiekanej świeżej natki pietruszki
- 2 łyżki glazury balsamicznej
- Sól i pieprz do smaku

INSTRUKCJE:

a) W dużej misce wymieszaj płatki chryzantemy, posiekaną pierś z kurczaka, połówki pomidorków koktajlowych, pokrojoną w plasterki czerwoną cebulę, pokruszony ser pleśniowy i posiekaną świeżą pietruszkę.

b) Sałatkę polej glazurą balsamiczną i delikatnie wymieszaj.

c) Dopraw solą i pieprzem do smaku.

d) Podawaj natychmiast jako opcję sałatki bogatej w białko.

SAŁATKI Z FIOLKAMI I BRATKAMI

73.Sałatka ze szparagami i bratkami

SKŁADNIKI:

SAŁATKA SZPARAGOWA
- 1 pęczek szparagów
- 5 rzodkiewek pokrojonych w cienkie plasterki
- 3 zielone cebule, tylko pokrojone zielone wierzchołki
- skórka cytrynowa z jednej cytryny

WINEGRET CYTRYNOWY
- ¼ szklanki soku z cytryny
- 2 łyżki jasnej oliwy z oliwek
- 2 łyżeczki cukru
- sól i pieprz do smaku

GARNIRUNEK
- Plastry cytryny
- Organiczne żółte bratki

INSTRUKCJE:

a) Rozpocznij gotowanie wody, aby ugotować szparagi.

b) Przygotuj miskę z lodowatą wodą, aby zaszokować szparagi po ugotowaniu.

c) Gotuj szparagi na parze przez 5 minut lub do momentu, aż będą miękkie, ale nadal chrupiące.

d) Szparagi zalać lodowatą wodą, a następnie pokroić na 2-calowe kawałki.

WINEGRET CYTRYNOWY

e) Połącz sok z cytryny z cukrem i poczekaj, aż cukier się rozpuści.

f) Dodajemy oliwę i doprawiamy solą i pieprzem do smaku.

SAŁATKA SZPARAGOWA

g) Jeśli masz czas, marynuj szparagi w sosie przez 30 minut.

h) Dodać rzodkiewki i szalotkę i wymieszać.

i) Udekoruj plasterkami cytryny i świeżymi bratkami i natychmiast podawaj.

74.Sałatka z bratków i rukoli

SKŁADNIKI:

- 6 szklanek młodej rukoli
- 1 jabłko, bardzo cienkie plasterki
- 1 marchewka
- ¼ czerwonej cebuli, bardzo cienko pokrojona
- garść różnorodnych świeżych ziół, np. bazylia, oregano, tymianek, same liście
- 2 uncje kremowego koziego sera, w wersji wegańskiej użyj pokruszonych pistacji
- Bratki, łodyga usunięta

FLAKONIK NA SOLE TRZEŹWIĄCE

- ¼ szklanki krwistej pomarańczy
- 3 łyżki oliwy z oliwek
- 3 łyżki octu szampańskiego
- szczypta soli

INSTRUKCJE:

a) Wymieszaj sos winegret, dostosowując dowolne składniki do swojego smaku.

b) Ułóż warzywa w szerokiej misce sałatkowej.

c) Marchewkę obrać i pokroić w cienkie paski za pomocą obieraczki do warzyw.

d) Dodaj do warzyw wraz z plasterkami jabłka, cebulą i ziołami.

e) Polej dressingiem i udekoruj sałatkę kruszonką koziego sera i bratkami.

f) Natychmiast podawaj.

75.Sałatka z altówki i mieszanych warzyw

SKŁADNIKI:

- 4 szklanki mieszanej sałaty (takiej jak szpinak, rukola i sałata)
- 1/2 szklanki kwiatów fiołka, opłukanych i osuszonych
- 1/4 szklanki pomidorków cherry, przekrojonych na połówki
- 1/4 szklanki ogórka, pokrojonego w plasterki
- 1/4 szklanki czerwonej cebuli, pokrojonej w cienkie plasterki
- 1/4 szklanki pokruszonego sera feta
- 2 łyżki prażonych orzeszków piniowych lub pekan
- Balsamiczny sos winegret

INSTRUKCJE:

a) W dużej misce sałatkowej wymieszaj mieszankę warzyw, kwiaty altówki, pomidorki cherry, plasterki ogórka, plasterki czerwonej cebuli, pokruszony ser feta i prażone orzeszki piniowe.

b) Skropić balsamicznym sosem winegret i delikatnie wymieszać.

c) Podawaj natychmiast jako żywą i orzeźwiającą sałatkę.

76.Sałatka z fiołkami i cytrusami

SKŁADNIKI:

- 3 szklanki liści szpinaku baby
- 1/2 szklanki kwiatów fiołka, opłukanych i osuszonych
- 1/4 szklanki segmentów pomarańczy
- 1/4 szklanki segmentów grejpfruta
- 2 łyżki posiekanych migdałów, uprażonych
- 2 łyżki miodu
- Sok z 1 cytryny
- Skórka z 1 cytryny

INSTRUKCJE:

a) Ułóż liście szpinaku baby na półmisku.

b) Rozłóż kwiaty altówki, segmenty pomarańczy i segmenty grejpfruta na liściach szpinaku.

c) Posypać prażonymi, pokrojonymi w plasterki migdałami.

d) W małej misce wymieszaj miód, sok z cytryny i skórkę z cytryny, aby przygotować dressing.

e) Sosem polej sałatkę tuż przed podaniem.

f) Delikatnie wymieszaj, aby połączyć i cieszyć się jasnymi i cytrusowymi smakami.

77.Sałatka z fiołkami i kozim serem

SKŁADNIKI:

- 4 szklanki mieszanej sałaty zielonej
- 1/2 szklanki kwiatów fiołka, opłukanych i osuszonych
- 1/4 szklanki pokruszonego sera koziego
- 1/4 szklanki prażonych orzechów włoskich, posiekanych
- 1/4 szklanki świeżych malin
- 2 łyżki octu malinowego
- 2 łyżki oliwy z oliwek z pierwszego tłoczenia
- 1 łyżeczka musztardy Dijon
- Sól i pieprz do smaku

INSTRUKCJE:

a) Umieść mieszankę sałat w dużej misce sałatkowej.

b) Na warzywach połóż kwiaty altówki, pokruszony ser kozi, prażone orzechy włoskie i świeże maliny.

c) W małym słoiczku z dobrze dopasowaną pokrywką połącz ocet malinowy, oliwę z oliwek, musztardę Dijon, sól i pieprz. Energicznie wstrząśnij, aby zemulgować dressing.

d) Tuż przed podaniem polej sałatkę malinowym winegretem.

e) Delikatnie wymieszaj, aby składniki sałatki pokryły się sosem.

f) Podawaj natychmiast i delektuj się zachwycającym połączeniem smaków.

78.Zielona Sałatka Z Jadalnymi Kwiatami

SKŁADNIKI:

- 1 łyżeczka octu z czerwonego wina
- 1 łyżeczka musztardy Dijon
- 3 łyżki oliwy z oliwek extra virgin
- Gruba sól i świeżo zmielony pieprz
- 5 ½ uncji delikatnej sałatki dla dzieci
- 1 opakowanie niepryskanych altówek lub innych jadalnych kwiatów

INSTRUKCJE:

a)   W misce połącz ocet i musztardę.

b)   Stopniowo dolewaj oliwę, a następnie dopraw sos solą i pieprzem.

c)   Polej dressingiem zieleniną i udekoruj kwiatami. Natychmiast podawaj.

SAŁATKA Z MIKROZIELONÓW I KIEŁKÓW S

79.Sałatka z dyni, mikrogreenów i komosy ryżowej

SKŁADNIKI:
WEGAŃSKI dressing sezamowo-czosnkowy
- 1 łyżka pasty tahini
- 2 łyżki oliwy z oliwek
- 2 ząbki czosnku
- 2 łyżki oregano
- 2 łyżki kolendry
- ½ Jalapeno (opcjonalnie)
- 3 łyżki octu jabłkowego
- Sól i pieprz do smaku

Sałatka z pieczonej dyni
- 1 dynia żołędziowa (pokrojona w kawałki wielkości kęsa)
- 1 łyżka oliwy z oliwek
- 1 łyżka płatków czerwonego chili
- Sól
- ½ szklanki Mikrogreeny
- ¼ szklanki Quinoa, ugotowanej
- Sól

INSTRUKCJE:
a) Rozgrzej piekarnik do 425 stopni F.
b) Skropić oliwą z oliwek dynię i dobrze wymieszać, następnie ułożyć dynię w jednej warstwie na blasze do pieczenia, doprawić solą i chili.
c) Piecz dynię przez 25 minut.
d) Aby przygotować sos, wymieszaj wszystkie składniki w robocie kuchennym i pulsuj, aż uzyskasz gładką masę.
e) Gdy dynia będzie miękka, przełóż ją do salaterki. Połowę sosu wymieszać z komosą ryżową. Tuż przed podaniem wrzuć mikrogreeny i skrop pozostałym dressingiem.

80.Wiosenna sałatka z mikrogreenów

SKŁADNIKI:

SAŁATKA:

- 1 szklanka wybranych mikrogreenów
- 1 czerwona pomarańcza pokrojona na małe kawałki
- 1/2 awokado pokrojonego w kostkę
- 1/2 szklanki rzodkiewki daikon w julienne
- 1/4 szklanki kawałków orzechów włoskich

UBIERANIE SIĘ:

- 1 łyżki. oliwa tłoczona na zimno
- 1 łyżki. sok cytrynowy
- 1 ząbek posiekanego czosnku
- Odrobina soli i pieprzu

INSTRUKCJE:

a) Połącz wszystkie składniki sałatki w dużej misce.

b) W zamkniętym pojemniku połącz składniki dressingu i dobrze wstrząśnij. Wymieszaj i podawaj!

81.Tęczowa sałatka

SKŁADNIKI:

- 1 (5 uncji) opakowanie sałaty masłowej
- 1 (5 uncji) opakowanie rukoli
- 1 (5 uncji) opakowanie Mikrogreeny
- 1 cienko pokrojona rzodkiewka arbuzowa
- 1 cienko pokrojona fioletowa rzodkiew
- 1 cienko pokrojona zielona rzodkiewka
- 3 tęczowe marchewki, pokrojone we wstążki
- 1/2 szklanki cienko pokrojonego groszku
- 1/4 szklanki czerwonej kapusty, posiekanej
- 2 szalotki, pokrojone w krążki
- 2 krwiste pomarańcze podzielone na segmenty
- 1/2 szklanki soku z czerwonych pomarańczy
- 1/2 szklanki oliwy z oliwek z pierwszego tłoczenia
- 1 łyżka octu z czerwonego wina
- 1 łyżka suszonego oregano
- 1 łyżka miodu
- Sól i pieprz do smaku
- do dekoracji jadalnych kwiatów

INSTRUKCJE:

a) W pojemniku wymieszaj oliwę z oliwek, ocet z czerwonego wina oregano. Dodaj szalotkę i pozostaw do marynowania na blacie przez co najmniej 2 godziny.

b) Odłóż szalotkę na bok.

c) W słoiku wymieszaj sok pomarańczowy, oliwę z oliwek, miód ora odrobinę soli i pieprzu, aż masa będzie gęsta i gładka. Dopraw sol i pieprzem do smaku.

d) W bardzo dużej misce wymieszaj mikroliście, sałatę i rukolę z około 1/4 szklanki sosu winegret.

e) Wymieszaj połowę rzodkiewki, marchewki, groszku, szalotki kawałków pomarańczy.

f) Złóż wszystko w kolorowy wzór.

g) Na koniec dodaj dodatkowy winegret i jadalne kwiaty.

82. Sałatka słodko-gorzka

SKŁADNIKI:

UBIERANIE SIĘ:

- 1/2 szklanki soku z czerwonych pomarańczy
- 1/4 szklanki syropu klonowego
- 2 T soku z cytryny

SAŁATKA:

- 1 mała radicchio, porwana na kawałki
- 1/2 szklanki cienko pokrojonej fioletowej kapusty
- 1/4 małej czerwonej cebuli, drobno posiekanej
- 3 rzodkiewki pokrojone w cienkie paski
- 1/2 szklanki świeżo pokrojonej kapusty Mikrogreeny
- 1 t oliwy z oliwek
- sól i pieprz do smaku
- 1 czerwona pomarańcza, obrana i pozbawiona białego rdzenia; segmentowane
- 1/3 szklanki sera ricotta
- 1/4 szklanki nasion granatu
- 1/4 szklanki prażonych orzeszków piniowych

INSTRUKCJE:

a) Sos: W małym rondlu połączyć wszystkie składniki i doprowadzić do lekkiego wrzenia.

b) Pozostawić do zredukowania na 20-25 minut lub do momentu uzyskania gęstego syropu o pojemności około 4 T. Przed podaniem pozostawić do ostygnięcia.

c) Sałatka: W misce wymieszaj radicchio, kapustę, cebulę, rzodkiewkę i mikroliście.

d) Delikatnie wymieszaj z oliwą, solą i pieprzem. Na talerzu połóż małe łyżki sera ricotta.

e) Skropić wierzch syropem z czerwonych pomarańczy, posypać orzeszkami piniowymi i pestkami granatu.

83.Sałatka z dzikiego ryżu i mikrozielonych

SKŁADNIKI:

- 1/2 szklanki dzikiego ryżu, ugotowanego
- 1/2 szklanki brązowego ryżu długoziarnistego
- 1/2 posiekanej szczypiorku
- 1/2 posiekanej natki pietruszki o płaskich liściach
- 1/2 posiekanej kolendry
- 1/4 posiekanych liści umysłu
- 1/2 posiekanego koperku
- 1 mała czerwona cebula
- 2 łyżki oliwy z oliwek
- 1/4 szklanki blanszowanych migdałów
- 1/4 szklanki złotych rodzynek namoczonych przez noc
- sól morska, pieprz do smaku

INSTRUKCJE:

a) Cebulę podsmaż na złoty kolor na oliwie z oliwek. Przełóż do miski do mieszania ryżu.

b) Na tej samej patelni upraż migdały i rodzynki i połącz je z resztą składników w misce ryżowej.

c) Dodać wszystkie zioła i ryż, doprawić solą morską i pieprzem oraz odrobiną cytryny.

84.Sałatka z mikrogreenów i groszku śnieżnego

SKŁADNIKI:
FLAKONIK NA SOLE TRZEŹWIĄCE
- 1 1/2 szklanki pokrojonych w kostkę truskawek
- 2 łyżki biały ocet balsamiczny
- 1 łyżeczka. czysty syrop klonowy
- 2 łyżeczki sok limonkowy
- 3 łyżki Oliwa z oliwek

SAŁATKA
- 6 oz. mikrogreeny i/lub sałaty
- 12 groszków śnieżnych, pokrojonych w cienkie plasterki
- 2 rzodkiewki, pokrojone w cienkie plasterki
- Przekrojone na pół truskawki, jadalne kwiaty i gałązki świeżych zió do dekoracji

INSTRUKCJE:
a) Aby przygotować winegret, w naczyniu miksującym wymiesza truskawki, ocet i syrop klonowy. Odcedź płyn, dodaj sok z limonk i olej.
b) Doprawić solą i pieprzem.
c) Aby przygotować sałatkę, w dużej misce wymieszaj mikroliście groszek śnieżny, rzodkiewki, zapisane truskawki i 1/4 szklank winegretu.
d) Do dekoracji dodaj przekrojone na pół truskawki, jadalne kwiaty gałązki świeżych ziół.

85.Sałatka z kiełków słonecznika

SKŁADNIKI:
SAŁATKA

- 1 ½ C kiełków słonecznika
- 1 C rukola
- 2 marchewki, ogolone lub posiekane
- 3 rzodkiewki pokrojone w cienkie plasterki
- 1 mały-średni ogórek, pokrojony w plasterki

UBIERANIE SIĘ

- 2 T świeżego soku z cytryny
- ½ – 1 łyżeczka agawy
- ½ łyżeczki musztardy Dijon
- ¼ łyżeczki soli koszernej
- ¼ szklanki oliwy z oliwek

INSTRUKCJE:

a) Połącz wszystkie warzywa.
b) Wszystkie składniki dressingu wymieszaj ze sobą.
c) Połącz to wszystko razem!

86.Miska z kremową fasolką z nerkowców

SKŁADNIKI:

- ½ szklanki surowych orzechów nerkowca namoczonych przez noc
- 2 łyżki nasion konopi
- 1 łyżka drożdży odżywczych
- ¼ szklanki zwykłego mleka migdałowego
- 2 limonki
- 1 szklanka pomidorów winogronowych, pokrojonych w ćwiartki
- ¼ małej czerwonej cebuli, pokrojonej w drobną kostkę
- 2 łyżki posiekanej świeżej kolendry
- 1 awokado
- 1 puszka czarnej fasoli, odsączona i opłukana
- ½ łyżeczki chili w proszku
- ½ łyżeczki kminku
- ½ łyżeczki wędzonej papryki
- ½ łyżeczki pieprzu cayenne
- ½ szklanki pędów groszku lub mikro zielonych warzyw
- sól i pieprz

INSTRUKCJE:

a) W robocie kuchennym wymieszaj orzechy nerkowca, nasiona konopi, odżywcze drożdże, mleko migdałowe, 1 sok z limonki i sól/pieprz (do smaku). Przetwarzaj przez 3-4 minuty na najwyższych obrotach lub do momentu, aż utworzy się krem.

b) W naczyniu miksującym wymieszaj pokrojone w ćwiartki pomidorki koktajlowe, pokrojoną w kostkę czerwoną cebulę i posiekaną kolendrę. Doprawić solą i pieprzem.

c) Włóż miąższ awokado do małej miski. Za pomocą widelca rozgnieć sok z drugiej limonki. Doprawić szczyptą pieprzu cayenne i szczyptą soli.

d) Podgrzej czarną fasolę, chili w proszku, kminek i paprykę w małym rondlu na średnim ogniu przez 4-5 minut.

e) Ułóż czarną fasolę w dwóch średniej wielkości talerzach, a następnie posyp guacamole, pędami groszku i kremem z nerkowców.

87.Sałatka z mango, brokułów i truskawek

SKŁADNIKI:
- 1 świeże mango, pokrojone na ćwiartki
- 4 truskawki przekrojone na połówki
- Filiżanka mikrogreenów ze świeżych brokułów
- 3 zielone oliwki

UBIERANIE SIĘ
- 1 łyżka wina wiśniowego
- 1 łyżeczka solanki cytrynowej
- Odrobina soli selera

INSTRUKCJE:
a) Na półmisku ułóż mikroliście brokułów, truskawki, mango i oliwki
b) Składniki sosu połączyć w małym pojemniku i polać sałatkę.
c) Połącz i podawaj od razu.

88.Sałatka z rzodkiewki i kiełków

SKŁADNIKI:

- 4 rzodkiewki pokrojone w cienkie plasterki
- 2 małe marchewki, obrane i pokrojone w cienkie plasterki
- 1 szklanka łuskanej fasoli edamame
- 3 szklanki kiełków, umytych i osuszonych (rzodkiewka, lucerna, słonecznik lub inne odmiany)
- 1 łyżka świeżych liści kolendry
- 1 łyżka świeżych liści pietruszki (opcjonalnie)

UBIERANIE SIĘ

- 1 1/2 łyżeczki nasion kminku, uprażonych i zmielonych
- 1 mały ząbek czosnku, wyciśnięty
- 1 łyżka octu jabłkowego
- 2 łyżki oliwy z oliwek z pierwszego tłoczenia
- Sól i świeżo zmielony pieprz

INSTRUKCJE:

a) W dużej misce wymieszaj warzywa, edamame, kiełki i zioła.

b) Prażymy nasiona kminku na rozgrzanej patelni przez 1-2 minuty lub do momentu, aż zacznie wydzielać zapach, a następnie drobno zmielimy w moździerzu lub młynku do przypraw.

c) Połącz czosnek, ocet i olej w małej misce. Doprawić do smaku solą i pieprzem.

d) Sosem polej sałatkę i podawaj.

89.Mieszana sałatka z mikrogreenów

SKŁADNIKI:
- 1 szklanka mieszanych mikrogreenów
- Pół awokado, obrane i pokrojone w kostkę
- 1 łyżka startej marchewki
- 1 łyżka prażonych orzeszków piniowych lub migdałów
- 1/2 obranej mandarynki lub zwykłej pomarańczy

FLAKONIK NA SOLE TRZEŹWIĄCE
- 1 łyżka oliwy z oliwek z pierwszego tłoczenia
- 1 łyżka świeżego soku pomarańczowego
- 1 łyżeczka soku z limonki
- Pół łyżeczki musztardy
- Sól i pieprz do smaku

INSTRUKCJE:
a) Wrzuć mikrogreeny do miski z resztą składników sałatki.
b) Połącz wszystkie składniki winegretu w dużej misce i polej sałatkę.
c) Delikatnie wymieszaj wszystko rękami.
d) Posyp po wierzchu prażonymi orzeszkami piniowymi lub migdałami.

90.Sałatka Arbuzowa Z Mikrogreeny

SKŁADNIKI:

- Garść mikrogreenów
- 1 prostokątny plaster arbuza
- 2 łyżki posiekanych migdałów
- 20 g sera feta, pokruszonego
- 1 1/2 łyżki oliwy z oliwek z pierwszego tłoczenia
- 1 łyżka octu balsamicznego
- Sól dla smaku

INSTRUKCJE:

a) Połóż arbuza na talerzu.
b) Na wierzchu arbuza rozłóż ser feta i migdały.
c) Skrop je oliwą z pierwszego tłoczenia i octem balsamicznym.
d) Dodaj mikrogreeny na wierzch.

91.Wiosenna sałatka mikrozielona

SKŁADNIKI:

- 2 łyżki soli
- 1 garść mikrogreenów z pędów grochu
- 1/2 szklanki fasoli fava, blanszowanej
- 4 marchewki, pokrojone w drobną kostkę, blanszowane
- 1 garść mikrogreenów Pak Choi
- 1 garść mikrogreenów z musztardą wasabi
- 1 szczypta mikrogreenów amarantusa
- 4 rzodkiewki pokrojone w cienkie monety
- 1 szklanka groszku, blanszowanego
- Sól i pieprz do smaku

Dressing marchewkowo-imbirowy

- 1-calowy imbir, obrany i pokrojony w monety
- 1/4 szklanki octu winnego ryżowego
- 1/2 szklanki wody
- 1 łyżka sosu sojowego
- 1 łyżka majonezu
- Koszerna sól i czarny pieprz do smaku

INSTRUKCJE:

a) W misce wymieszaj mikroliście, rzodkiewki, marchew, groszek i fasolę fava. Dopraw lekko solą i pieprzem.

b) Umieść imbir, 1/2 szklanki zarezerwowanej marchewki, ocet winny ryżowy i wodę w blenderze i zmiksuj na gładką masę.

c) Po wyjęciu z blendera i przełożeniu do miski dodać sos sojowy i majonez. Dopraw do smaku solą i pieprzem jeśli to konieczne.

d) Przed podaniem polej sałatkę taką ilością sosu, aby lekko przykryła warzywa i warzywa.

92.Sałatka z mikrogreenów i rzodkiewki

SKŁADNIKI:

- 1 opakowanie mikrogreenów
- 6 rzodkiewek przekrojonych na połówki lub plasterki
- 2 łyżki soku z limonki
- 1/8 łyżeczki suchej musztardy w proszku
- 1/4 łyżeczki soli
- 4 łyżki oliwy z oliwek
- gruba sól morska do smaku
- mielony pieprz, do smaku

INSTRUKCJE:

a) Wrzuć mikroliście i rzodkiewki do miski i schładzaj, aż będą gotowe do podania.
b) Połączyć pozostałe składniki w misce, przykryć i schłodzić do momentu podania.
c) Tuż przed podaniem delikatnie polej sałatkę dressingiem i dopraw solą morską oraz świeżo zmielonym pieprzem.

93.Sałatka z jagód i rukoli

SKŁADNIKI:

- 3 1/2 szklanki mikro rukoli
- 1 szklanka jeżyn
- 2 łyżki orzeszków piniowych
- 1 kłos czerwonej kukurydzy, odetnij kolbę
- 1/2 pęczka białych szparagów
- 2 łyżki oliwy z oliwek z pierwszego tłoczenia
- 1 łyżka octu z czerwonego wina
- 1 ząbek czosnku, wyciśnięty
- 2 łyżki posiekanych owoców kaparów
- 1 1/2 łyżki mięty, drobno posiekanej
- sól morska
- czarny pieprz

INSTRUKCJE:

a) W małym naczyniu wymieszaj oliwę z oliwek, ocet winny, miętę czosnek, posiekane jagody kaparów i odrobinę soli.

b) Szparagi delikatnie obtaczamy w oliwie z oliwek i obsmażamy na średnim ogniu na patelni grillowej.

c) Dodać trochę soli i pieprzu do smaku. Każdy kawałek pokroić na półcalowe kawałki.

d) W dużej misce wymieszaj mikroliście, kukurydzę, szparagi, jeżyny orzeszki piniowe, aby przygotować sałatkę.

e) Polać sosem sałatkowym.

f) Podawaj od razu!

94.Sałatka Mikrozielona Truskawka

SKŁADNIKI:

- 3 szklanki organicznych mikrogreenów
- 1 szklanka pokrojonych truskawek

dressing truskawkowy

- 6 truskawek
- 1 łyżka octu balsamicznego
- 1 łyżeczka surowego miodu
- 2 łyżki oliwy z oliwek
- Odrobina soli i pieprzu
- ¼ szklanki posiekanych kandyzowanych orzechów włoskich

INSTRUKCJE:

a) Połącz mikroliście, truskawki i dressing w dużej misce.

b) Posypujemy wierzch orzechami włoskimi.

95.Sałatka z mikrozielonej komosy ryżowej

SKŁADNIKI:

NA SAŁATKĘ:
- 1 szklanka ugotowanej komosy ryżowej
- 1 szklanka klasycznych pomidorów przekrojonych na pół
- 1/2 szklanki oliwek Kalamata bez pestek
- 2 1/2 łyżki zielonej cebuli pokrojonej w cienkie plasterki
- 1 uncja gotowanej czarnej fasoli
- 1/2 awokado pokrojonego w małe kwadraty
- 2 szklanki mikro zielonych warzyw

DO OPARTU:
- 2 ząbki dużego czosnku
- 1/4 szklanki czerwonego octu winnego
- 1/4 szklanki świeżych liści bazylii
- 1 łyżeczka soli koszernej
- 1 łyżeczka czarnego pieprzu
- 1/2 szklanki oliwy z oliwek

INSTRUKCJE:
a) W robocie kuchennym wymieszaj ocet winny, czosnek, bazylię, sól i pieprz.
b) Pulsuj na wysokich obrotach, powoli dodając olej, aż do uzyskania emulsji.
c) Składniki sałatki wymieszaj z dwiema łyżkami sosu. W razie potrzeby dodaj dodatkowy dressing.
d) Podawać natychmiast lub przechowywać w lodówce do momentu użycia.

96.Sałatka z tęczowych buraków i pistacji

SKŁADNIKI:

- 2 małe pęczki buraków tęczowych, przycięte
- Olej rzepakowy do buraków

OLIWA Z BAZYLII CYTRYNOWEJ:

- 2 szklanki luźno zapakowanej bazylii
- niepełne 1/4 szklanki oliwy z oliwek
- 1/2 soku z cytryny
- szczypta soli koszernej
- 1 łyżka posiekanych pistacji
- 1 szklanka Micro Greens
- Sól z ziół cytrusowych – opcjonalnie

INSTRUKCJE:

a) Wymieszaj buraki z 1–2 łyżkami oleju rzepakowego, aż zostaną delikatnie pokryte.

b) Połóż buraki na blasze do pieczenia z brzegiem, przykryj folią i piecz na grillu przez 30-45 minut lub do momentu, aż będą miękkie rumiane.

c) Usuń skórki z buraków i wyrzuć je.

d) Aby przygotować oliwę bazyliową, zmiksuj wszystkie składniki w blenderze na gładką masę.

e) Na dnie dwóch małych talerzy skrop niewielką ilością oliwy z oliwek z bazylią.

f) Na każdym talerzu posyp niewielką ilością mikrowarzyw, połowa buraków, solą z ziół cytrusowych i pistacjami.

g) Umieść pozostałe mikrogreeny na wierzchu każdego talerza.

97.Warzywa i Farro

SKŁADNIKI:

- 2 marchewki, obrane i pokrojone w plasterki
- 2 pasternak, obrany i pokrojony w plasterki
- 8 uncji brukselki, przyciętej
- 1/4 szklanki oliwy z oliwek, podzielone
- 1/4 łyżeczki soli, podzielone
- 1/4 łyżeczki czarnego pieprzu, podzielone
- 1 szklanka farro, sucha
- 1 łyżka octu jabłkowego
- 2 łyżeczki musztardy Dijon
- 1/4 szklanki orzechów pekan, grubo posiekanych
- 1/4 szklanki rodzynek

INSTRUKCJE:

a) Rozgrzej piekarnik do 400 stopni Fahrenheita.

b) Wymieszaj marchewkę, pasternak i brukselkę z 2 łyżkami oliwy z oliwek, 1/8 łyżeczki soli i 1/8 łyżeczki pieprzu na naoliwionej patelni do pieczenia.

c) Piec przez 20-25 minut, aż będzie ugotowany i chrupiący na brzegach, w połowie przewracając.

d) Farro należy gotować zgodnie z zaleceniami na opakowaniu.

e) Połącz pozostałe 2 łyżki oliwy z oliwek, pozostałą 1/8 łyżeczki soli, pozostałą 1/8 łyżeczki pieprzu, ocet jabłkowy i musztardę Dijon w małym naczyniu.

f) Prażymy orzechy pekan na suchej patelni na średnim ogniu, aż zaczną nabierać aromatu, około 2-3 minuty.

g) Połącz pieczone warzywa, ugotowane farro, dressing, prażone orzechy włoskie i rodzynki w dużej misce.

98.Sałatka z rukoli Quinoa

SKŁADNIKI:

- 1 szklanka komosy ryżowej
- 3 łyżki soku z cytryny
- 3 łyżki oliwy z oliwek
- 1/4 łyżeczki pieprzu
- 1/8 łyżeczki soli
- 2 szklanki arbuza, pokrojonego w małą kostkę
- 2 szklanki młodej rukoli
- 1 szklanka pomidorków koktajlowych, przekrojonych na połówki
- 1/4 szklanki świeżej mięty, grubo posiekanej
- 2 łyżki orzechów włoskich, grubo posiekanych

INSTRUKCJE:

a) Postępuj zgodnie z instrukcjami na opakowaniu dotyczącymi gotowania komosy ryżowej. Przed podaniem pozostawić do ostygnięcia do temperatury pokojowej.

b) W małym naczyniu wymieszaj sok z cytryny, oliwę z oliwek, pieprz i sól i odstaw.

c) Połącz schłodzoną komosę ryżową, arbuza, rukolę, pomidorki koktajlowe, miętę, orzechy włoskie i dressing w dużym naczyniu do miksowania.

d) Wszystko wymieszaj, podawaj i ciesz się smakiem!

99.Mieszana zielona sałatka z burakami

SKŁADNIKI:

- 2 średnie buraki, przycięte wierzchołki
- 2 łyżki pomarańczy wzbogaconej wapniem sok
- 1 1/2 łyżeczki miodu
- 1/8 łyżeczki soli
- 1/8 łyżeczki czarnego pieprzu
- 1/4 szklanki oliwy z oliwek
- 2 łyżki surowych, łuskanych nasion słonecznika
- 1 pomarańcza, pokrojona na kawałki
- 3 szklanki pakowanych mieszanych sałat zielonych
- 1/4 szklanki sera feta o obniżonej zawartości tłuszczu pokruszonego

INSTRUKCJE:

a) W średnim rondlu zalej buraki wodą. Doprowadzić do wrzenia następnie zmniejszyć ogień do małego.

b) Gotuj przez 20-30 minut lub do momentu, aż widelec będzie miękki, pod przykryciem. Buraki należy odsączyć.

c) Gdy buraki ostygną, obierz je pod bieżącą wodą i pokrój w kliny.

d) W międzyczasie wymieszaj w słoiku sok pomarańczowy, miód czosnek, sól i pieprz.

e) Wstrząśnij oliwą z oliwek, aż dressing będzie gładki. Usuń równania.

f) Na małej patelni rozpuść masło na średnim ogniu.

g) Na suchej patelni praż nasiona słonecznika przez 2-3 minuty lub do momentu, aż zaczną nabierać aromatu.

h) W dużej misce wymieszaj buraki, nasiona słonecznika, cząstki pomarańczy, mieszankę warzyw i ser feta.

i) Podawać z odrobiną dressingu .

100.Sałatka z brukselki

SKŁADNIKI:

- 1 szklanka suchego bulguru
- 8 uncji brukselki
- 1 granat
- 1 gruszka, pokrojona w kostkę
- 1/4 szklanki orzechów włoskich, grubo posiekanych
- 1 średnia szalotka, posiekana
- 2 łyżki oliwy z oliwek
- 2 łyżki octu balsamicznego
- 1/8 łyżeczki soli
- 1/8 łyżeczki pieprzu
- Surowa sałatka z brukselki

INSTRUKCJE:

a) Połącz 2 szklanki zimnej wody i suchy bulgur w małym rondelku. Doprowadzić do wrzenia, następnie zmniejszyć ogień do małego i od czasu do czasu mieszać.

b) Gotuj na wolnym ogniu przez 12-15 minut lub do momentu, aż bulgur będzie miękki. Nadmiar płynu należy odsączyć i odstawić do ostygnięcia.

c) Odetnij łodygi i usuń twarde lub wysuszone liście z brukselki.

d) Brukselkę przekrój na pół od góry do dołu, usuwając łodygę. Połóż brukselkę przekrojoną stroną do dołu i zacznij ją cienko kroić od góry do dołu, aby je rozdrobnić.

e) W dużej misce delikatnie wymieszaj brukselkę, aż warstwy się rozdzielą, a następnie odłóż na bok.

f) Usuń nasiona z granatu.

g) Po nacięciu granatu przekręć go, aby podzielić go na pół i ostrożnie zdejmij skórkę, aby usunąć nasiona. Przytrzymaj przeciętą stronę granatu nad miską i uderzaj w tył drewnianą łyżką, aż wypadną wszystkie pestki.

h) Wymieszaj brukselkę z pestkami granatu, orzechami włoskimi i gruszkami. Kaszę bulgur wymieszać widelcem i podawać z sałatką.

i) Połącz szalotkę, olej, ocet, sól i pieprz w osobnej małej misce.

j) Sałatkę polej sosem i wymieszaj. Podawaj i ciesz się!

WNIOSEK

Kończymy naszą podróż po świecie sałatek Moc kwiatów, mam nadzieję, że ta książka kucharska zainspirowała Cię do wykorzystania piękna i smaku jadalnych kwiatów we własnej kuchni. „Od płatka do talerza: sałatki Moc kwiatów" zostały stworzone z pasji do celebrowania naturalnych bogactw ogrodu i wykorzystania odżywczej mocy świeżych, sezonowych składników.

Dziękuję, że jesteś ze mną w tej kulinarnej przygodzie. Niech Twoja kuchnia wypełni się żywymi kolorami i delikatnymi smakami jadalnych kwiatów, a każdy kęs sałatki Moc kwiatów będzie celebracją zdrowia, witalności i piękna natury.

Do ponownego spotkania życzymy udanego robienia sałatek i niech Twoje kulinarne kreacje nadal rozkwitają w pyszne i odżywcze przysmaki!

9781836235880